Lydia Roten-Besomi
Kinderlachen

Lydia Roten-Besomi

Kinderlachen

Erinnerungen ans Quartier Zürich-Seefeld, 1937–1958

Th. Gut Verlag, 8712 Stäfa

Inhalt

Meiner Nonna und meinem Nonno,
die mir ihre ganze Liebe schenkten.

1998 by Th. Gut Verlag, 8712 Stäfa
Satz und Druck: Zürichsee Druckereien AG, 8712 Stäfa
ISBN 3-85717-115-4

Meinen ersten Schrei tat ich an einem kalten Januartag in der Frauenklinik in Zürich, der grössten Stadt der Schweiz. In jenem Jahr glaubten noch die meisten an das grosse Wort: «Nie mehr Krieg.» Doch nur zwei Jahre später bestimmte ein Grössenwahnsinniger, dass jetzt des Friedens genug wäre und er nicht nur über ein einzelnes Land regieren wolle. Was dann kam, steht heute in jedem Geschichtsbuch. Doch meine einzigen Sorgen waren in jenem Moment Essen und Windelwechsel sowie Streicheleinheiten. Geschah dies nicht, so brachte ich immer rechtzeitig meinen Protest lautstark zum Ausdruck.

Als ich etwa drei oder vier Monate alt war, geschah, natürlich ohne dass es mir bewusst war, der grösste Einschnitt in meinem Leben. Die Eltern meines Vaters nahmen mich aus familiären Gründen zu sich, und ich wuchs bei ihnen auf. Ihnen verdanke ich die schöne und sorglose Zeit meiner Kindheit.

Das Seefeld war ein Aussenquartier von Zürich. Doch das Leben in jenen Jahren war bestimmt dasselbe in allen Städten der Schweiz. Die Kinderspiele, damals in Mode, waren überall gleich oder sehr ähnlich. Die Jugend in der Stadt lebte natürlich nicht so wie die auf dem Lande. Die Landkinder hatten ein härteres Leben, sie mussten viel mehr arbeiten und hatten weniger Zeit zum Spielen.

Für mich aber war das Seefeld eben etwas Besonderes, denn es war bis zu meiner Hochzeit mein Zuhause. Ich kannte alle Strassen und Plätze. Aber das allerschönste war die Nähe des Sees, zu dessen Ufer wir überall freien Zugang hatten. Dieses Zuhause möchte ich nun näher vorstellen.

100 Jahre Riesbach

1994 feierte Riesbach (oder Seefeld, wie es allgemein genannt wurde) seinen 100. Geburtstag. 1894 wurde es als Kreis 8 ein Quartier der Stadt Zürich. Vorher war es ein ausgesprochenes Weindorf. An den Hängen ob dem See lagen viele Rebberge. Dies zeigt sich auch an der Traube im Gemeindewappen von Riesbach. An der Wildbachstrasse stellte noch zu unserer Zeit ein Küfer grosse Weinfässer her. Nebenbei verkaufte er auch selbsthergestellten Weinessig, und ich musste oftmals eine Flasche holen. Dabei konnte ich zusehen, wie ein neues Fass entstand oder ein altes repariert wurde.

Pfahlbauten standen am Seeufer, und Funde aus jener Zeit sieht man auch im Landesmuseum. Im Zürichhorn gab es sogar, in ganz früheren Jahren, ein Frauenkloster. Die Bäche trugen damals noch andere Namen als heute. Der Hornbach hiess Oetenbach und das Zürichhorn 1650 noch ganz einfach «Das Horn». Wie eine Halbinsel erstreckt sich die Landzunge in den See. Im 17. Jahrhundert stand dort ein Schützenhaus. Etwas weiter in Richtung Tiefenbrunnen erstreckte sich eine kleinere Landzunge aufs Wasser hinaus, das «kleine Horn». Das Burghölzli erhielt vermutlich seinen Namen aus der Parzelle, auf der es gebaut wurde, nämlich «Burgholz». Die ganze Umgebung dort trug auch Namen wie Burgreben, Burghalde und Steffansburg. Hauptstrasse durch das Quartier war damals die heutige Zollikerstrasse. Dann wurden Schienen gelegt, und ein Rösslitram verband das Seefeld mit der Innenstadt. Wohnhäuser wurden gebaut, und der Dorfcharakter verschwand mehr und mehr, vor allem im unteren Teil.

Das Seefeld in den vierziger und fünfziger Jahren

Das Seefeld (Riesbach) erstreckt sich vom Theater (heute Opernhaus) bis an die Grenze von Zollikon und vom See bis hinauf zur Forchstrasse. Es liegt auf der gleichen Seeseite wie Rapperswil. Das Rückgrat bildet im unteren Teil die Seefeldstrasse, durch die das Tram in gerader Linie vom Opernhaus bis Tiefenbrunnen fährt. In der 4. Klasse lernten wir auf etwas mühsame Weise, wie lang 1 Kilometer ist. Auf den Knien mussten wir mit einem einfachen Meterstab die Strasse von unserem Schulhaus bis zum Theater messen. Das nannte man Anschauungsunterricht.

Das Quartier liegt in guter Lage, denn das Opernhaus befindet sich bereits im Stadtkern von Zürich. Im Seefeld lebten, wie in allen bewohnten Gegenden, viele unterschiedliche Menschen. Es gab liebe, nette, weniger nette und ganz bestimmt auch «hässige», eben Menschen. Es gab viele Kinder, Jugendliche und ältere Leute.

Damals hatte man noch Zeit für Menschlichkeit. Nachbarschaftshilfe wurde von vielen gross geschrieben.

Die Leute im Quartier

Es gab alte Leute, die in ihrer eigenen Wohnung leben konnten oder auch zusammen mit ihren erwachsenen Kindern. Die Leute kannten sich, nicht nur im Hause, sondern auch auf der Strasse. Die Läden (noch keine Selbstbedienung) waren für die meisten ein Treffpunkt, und dort erfuhr man fast alles über die verschiedenen Bewohner. Eine Quartierzeitung erübrigte sich. Anstand und Respekt gegenüber den Erwachsenen stand in der damaligen Erziehung an erster Stelle. Im Tram überliess man sofort und ohne zu murren den Sitzplatz einer erwachsenen Person. Natürlich gab es auch unter der älteren Generation einige schwarze Schafe, die uns Kinder nicht gerade leiden mochten. Auch wir machten oftmals Krach beim Spielen. Was wussten wir denn schon, durch welche Schicksalsschläge diese Personen so hart geworden waren. Doch wir hatten sie nun einmal als Zielscheibe gewählt, und hinter ihrem Rücken schnitten wir ihnen, wenn sie mit uns schimpften, bloss eine lange Nase. Auch das Klingelspiel war überaus verbreitet. Anderseits waren viele von uns bereit, sich um alleinstehende ältere Menschen zu kümmern. Nach der Schule gingen wir für sie einkaufen oder standen für kleinere Hilfeleistungen zur Verfügung. Wir trugen ihnen die schweren Taschen, und dafür bekamen wir sogar auch mal ein Bonbon. Es gab aber auch einige ältere Damen, bei denen wir gerne verweilten. Sie erzählten uns Geschichten, wie es in ihrer Jugendzeit war: nämlich als es noch kein elektrisches Licht gab, als man das Wasser noch am Brunnen holen musste, als die Pferde das Stadtbild bestimmten und der Stundenlohn in Rappen bezahlt wurde.

Meine Grosseltern

Aber auch bei mir zu Hause hörte ich solche Geschichten von meinen Grosseltern. Dort erfuhr ich sehr viel über das nicht immer leichte Leben in einem Tessiner Dorf. Denn sowohl Grossvater wie auch -mutter (da wir zu Hause italienisch sprachen, nannte ich sie «Nonno» und «Nonna») waren erst 1935, im Alter von 54 und 56 Jahren, nach Zürich gekommen. Sie sind beide im Tessin geboren und hatten in einem kleinen Bauerndorf in der Nähe von Lugano gewohnt. Wobei mein Grossvater allerdings sehr viel im Ausland weilte, da

Mit Nonno und Nonna (1938).

9

die Arbeit in seiner Heimat Mangelware war. Als Erwachsene mussten auch die vier Söhne, mein Vater und meine Onkel, in die deutschsprachige Schweiz auswandern. Sie heirateten dann später und kehrten nur noch als Besucher ins Tessin zurück.

Nachbarschaftshilfe und Klatsch

Die Damen des St.-Vinzens-Vereins besuchten Leute, die mehrere Kinder hatten oder auch sonst nicht gerade auf Rosen gebettet waren. Diesen verteilten sie dann Gutscheine, welche gegen Nahrungsmittel eingetauscht werden konnten. Im Winter standen sie bei solchen Familien vor der Haustür, beladen mit Papiersäcken voll Dörrobst, Birnen oder Apfelschnitzen. Gerade in dieser Jahreszeit waren diese Früchte ein wertvoller Vitaminspender, denn das frische Obst war für viele unerschwinglich.

Klatsch? Von vielen mit sehr viel Hingabe gepflegt. Hinter vorgezogenen Vorhängen gab es immer wieder scharfe Augen, denen aber auch gar nichts entging. Generationsprobleme? Sicher, die gab es auch in dieser Zeit. Wenn ich nur an die damalige neue Musik aus Amerika und später natürlich auch aus Deutschland denke. Den ach so verpönten Rock 'n' Roll. Diese Musik, die für viele nur aus Lärm bestand. Erzürnte Eltern prophezeiten ihm, in regelmässigen Abständen, einen frühen Tod. Doch siehe da, er lebt noch heute. Aber so hatten frühere Generationen auch beim Tango und Charleston reagiert.

Seefeld, mein Zuhause

Ja, unser Quartier war wie jedes andere Quartier oder Städtchen in der Schweiz. Doch genau wie andere Leute ihr Quartier als Heimat empfanden, war eben das Seefeld mein Zuhause. Noch einige Ehemalige wohnen dort, aber das Leben hat sich verändert. Vielleicht denken auch sie mit Wehmut an jene Zeit zurück, trotzdem wir uns ja alle weiterentwickelt haben und heute unserer Zeit angepasst sind. Daher soll dieser Rückblick auch eine kleine Liebeserklärung an das damalige Seefeld sein. Ich möchte aber auch ein wenig den Zeitgeist jener Jahre aufzeigen.

Im Seefeld habe ich meine ganze Kinder- und Jugendzeit verbracht. Waren die Häuser auch zum grössten Teil alt, uns Kindern machte das nichts aus. Wir fühlten uns wohl. Überall gab es mehr als genug Platz zum Spielen und Austoben. Am Abend war die Müdigkeit dann entsprechend gross. Da wir uns im Freien austoben konnten, blieb die gute Stube wie auch der Rest der Wohnung von unseren Temperamentausbrüchen weitgehend verschont.

Die Verkehrsmittel

Das Tram führt der Seefeldstrasse entlang durch das ganze Quartier. Damals fuhr es rasselnd und quietschend zwischen den Häusern hindurch, und dies bis zwölf Uhr nachts. Aber die Anwohner der Linie hatten sich seit langem an diesen steten Lärm gewöhnt. Bei den älteren Tramwagen konnte man hinten oder vorne einsteigen. Die beiden Plattformen waren rechts und links offen. Der Kondukteur stand vorne, und es gab keinen abgetrennten Bereich zu den Fahrgästen. Stand auf der Schiene etwas im Wege, so drückte er den Fuss auf die Klingel am Boden. Auch wir taten das gerne. Die späteren Tramwagen bestieg man jeweilen durch die hintere Tür. Dort sass, auf einem etwas erhöhten und abgeschlossenen Sitz, der Kontrolleur. Er waltete seines Amtes, indem er mit seiner Zange die Billette entwertete und im Wagen auf Ordnung achtete. Sein Lieblingsruf war: «Bitte vorne aufschliessen.» Bewegte sich nichts, wurde es mit so viel Nachdruck wiederholt, bis es auch der Letzte mitbekam. Natürlich gab es auch mal Streitigkeiten. Dies führte zu heftigen Wortgefechten, worüber sich ein Teil der Mitfahrenden aufregte und der andere Teil vor sich hin schmunzelte. Aber der Kontrolleur stand auch für Auskünfte zur Verfügung. Wusste man nicht wo aussteigen und bei welcher Haltestelle sich überhaupt die gesuchte Strasse befindet, der Mann in Uniform informierte jeden. Auch waren diese Herren zum grössten Teil jederzeit hilfsbereit. Wollten Mütter mit Kinderwagen einsteigen, stieg er aus und half. Kamen wieder einmal welche im Laufschritt angerannt, wartete das Tram, dank dem Kontrolleur.

Unser blau-weisses Züri-Tram

Doch bei unserem blau-weissen Trämli waren Verspätungen ebenfalls an der Tagesordnung. Einmal war es der elektrische Strom, dann wieder behinderte ein Unfall oder sonst ein Hindernis die Weiterfahrt. Den Grund erfuhr man erst am nächsten Tag in der Zeitung. Das Dumme war, es geschah meistens während der Stosszeit, und diese war damals am Morgen, mittags und abends. Die englische Arbeitszeit war noch unbekannt, und über Mittag hatte man meistens zwei Stunden Pause.

Als ich noch in der Lehre war, kam ich einmal erst um 10 Uhr zur Arbeit. Da ich die einzige war, die das Tram benutzen musste, wusste man im Geschäft nichts von der Panne. Am Arbeitsplatz stand der Chef bereits mit herabgezogenen Mundwinkeln im Büro. Die Schelte kam unverzüglich: «Verschlafen? Dass mir das nicht mehr vorkommt.» Mit rotem Kopf stotterte ich meine Entschuldigung, dabei konnte ich wirklich nichts dafür.

Das Tram verband uns mit dem Rest der Stadt und wurde von den meisten benutzt. Ein Auto besassen nur einige Glückliche. Die Leute, die in die Stadt

Rasselnd fährt das 2er Tram durch die Seefeldstrasse (vor 1945).

oder in anderen Quartieren zur Arbeit gingen, wandten sich daher mehrheitlich diesem Verkehrsmittel zu. In den Stosszeiten waren die an einer Stange angebrachten Riemen unnötig. Auch wenn das Tram bremste oder schaukelte, stand man fest in der Masse der Mitfahrer. Die Vorstellung, wie sich wohl Sardinen in einer Büchse fühlen, war uns bekannt. Bei den offenen Tramwagen gab es sogar Trittbrettfahrer, allerdings nicht als Adrenalinspritze, sondern weil innen kein Plätzchen mehr frei war. An heissen Tagen aber war es draussen bestimmt angenehmer. Wir Jungen gingen auch viel zu Fuss, sofern der Arbeitsplatz in der City war. Mit einigen gesparten Fahrten, damals 30 Rappen, konnten wir uns etwas anderes leisten.

Unterwegs auf zwei Rädern

Ebenso gab es auch Leute, die mit dem Velo zur Arbeit fuhren. Umweltverschmutzung war zwar damals kein Schlagwort, es fing ja mit den Abgasen erst an. Man faselte auch nicht dauernd vom Abnehmen. Eine superschlanke Figur war für uns nicht unbedingt der einzige Inbegriff des Lebens. Man akzeptierte halt in Gottes Namen auch die paar überflüssigen Kilos. Wollte man etwas für das Wohlbefinden tun, war man Mitglied bei einem Turnverein oder trieb Sport. Doch dies tat man aus Vergnügen und Geselligkeit, mit Ausnahme des Leistungssports. Das Velo wurde eigentlich nur als Fortbewegungsmittel benützt. Vor allem aber um unabhängiger an sein Ziel zu gelangen. Die Seefeldstrasse wurde zwar oft Velofahrern zum Verhängnis. Geriet das Rad in die Tramschiene, schloss man rasend schnell Bekanntschaft mit dem harten Asphalt. Auch ich machte eines Tages die Erfahrung. Rasch stand ich auf den Beinen und sah vor allem nach meinem Zweirad. Es hatte zum Glück keinen Schaden genommen. Also weiter. Ausser einem aufgeschürften Knie war mir ja nichts passiert.

Meine Schulkameradin Charlotte besass ein eigenes Velo. An einem freien Schulnachmittag durfte ich zu ihr nach Hause. Am Abend bot sie mir an, mich mit dem Fahrrad nach Hause zu fahren. Sie wohnte am Hügel des Quartiers und ich ganz unten. Die Strasse war steil, und in der untersten Kreuzung fuhr das Tram. Sie lenkte, und ich sass auf dem Gepäckträger. Normalerweise ist die Lenkstange für die Hände und die Pedale für die Füsse gemacht. Bei Charlotte war das ganz anders. Sie lenkte mit den Füssen, und so steuerte sie uns freihändig die «Münchi» hinunter. Ohne zu bremsen und in rasanter Fahrt ging es bergab. Voller Angst schloss ich beide Augen und sehnte das Ende der Fahrt herbei. Mit der ganzen Kraft hielt ich mich an ihrem Rücken fest und erhoffte nur eines: «Hoffentlich kommt in diesem Moment kein Tram.» Es erübrigt sich zu sagen, dass ich von da an immer zu Fuss nach Hause ging.

Bahnhof Tiefenbrunnen

In Zürich hat jedes Quartier seinen eigenen Bahnhof. Das Seefeld machte da keine Ausnahme, und die Station Tiefenbrunnen war zugleich die Endstation der Tramlinie und ist es heute noch. Im Tiefenbrunnen-Bahnhof hielten alle Züge, die dem See entlang bis nach Rapperswil fuhren. Es war damals kein grosser Bahnhof: für die Einführung der S-Bahn wurde er modernisiert. Ein etwas trübseliger Wartesaal mit Holzbänken schützte die Reisenden vor Wind, Regen und Kälte. Im Winter wurde er mehr schlecht als recht durch einen Holzofen geheizt. Es gab aber auch einen Zeitungskiosk. In der Nähe der Station stand das grosse Tramdepot für die Linien 2 und 4. Es wurde dann später abgerissen, und heute steht an dieser Stelle eine moderne Überbauung mit Wohnungen und Einkaufsläden.

Regelmässig jeden Sonntagmorgen holte mein Nonno den «Corriere del Ticino» am Kiosk im Tiefenbrunnen. Als Kind nahm er mich jedesmal mit, und immer gab es eine Schokoladenbanane oder einen -stengel für mich. Der Spaziergang, dem See entlang, wobei wir auch die Enten fütterten, war für mich immer ein besonderes Erlebnis. Da hatte ich meinen Grossvater ganz für mich allein. Bei einem kurzen Halt in der «Riviera» genehmigte er sich als Aperitif ein Gläschen Nostrano, und ich bekam einen Himbeersirup. Dieser war gratis.

Was wir Kinder nie verpassten, wenn nicht die Schule dazwischen kam, war die Ankunft der Tiere des Zirkus Knie. Die Pferde, Elefanten, Kamele und sonstigen Tiere wurden am Bahnhof Tiefenbrunnen ausgeladen. Zu Fuss führte man sie dann dem See entlang bis zum alten Tonhalleplatz beim Bellevue. Dort waren die Wagen, das Zirkuszelt und die Stallzelte aufgestellt. Und immer war diese Tierkarawane von einer Schar Kinder begleitet. Natürlich beeindruckten uns die Elefanten am meisten, doch wir hielten vorsichtig den nötigen Abstand zu diesen grauen Kolossen. Ihre Augen schienen uns zwar immer freundlich anzublinzeln.

Das Zürichhorn

Es gibt viele Stadtquartiere, die an einem See liegen, das ist mir klar. Aber das Zürichhorn im Seefeld war etwas ganz Besonderes, jedenfalls für uns. Mehrere grosse Wiesen mit alten Bäumen und Sträuchern. Das Ziel vieler Spaziergänger aber war die nach Art der alten Pfahlbauer gebaute Fischerstube. Etwas daneben führte der breite Schiffsteg auf den See hinaus. Hier hielten viele Dampfschiffe auf ihren Rundfahrten an. Aber auch kleinere Schiffe, die «Schwalben», welche die verschiedenen Gemeinden am Zürichsee miteinander verbanden. In den ausgedehnten Parkanlagen luden Bänke zum Ausruhen ein. Überall wanden sich Spazierwege zwischen zum Teil sehr hohen Bäumen hindurch, kreuzten sich und führten immer wieder ans Seeufer. Neben der Fischerstube trennte eine alte Steinbrücke den Ententeich vom See. Darin hausten verschiedene Entenarten und Schwäne. Kleine Fässer auf Holzflössen standen diesen Wasservögeln als Nester zur Verfügung. Wir sahen ihnen gerne zu und erfreuten uns an ihrem Geschnatter und auch oftmals Gekeife. Überall am Seeufer verstreut lagen Tausende von runden, vom Wasser abgeschliffene grosse und kleinere Steine. Da konnte man nach Herzenslust klettern und spielen. Und wenn man auch einmal nasse Füsse bekam, das machte nicht viel aus.

Die Fischerstube

Die Fischerstube war ein stadtbekanntes Restaurant, vor allem für seine Fischspezialitäten. Sass man drinnen, konnte man durch die Spalten im Bretterboden die Wellen schaukeln sehen. Sein weit hinabgezogenes Schilfdach breitete sich schützend über das ganze Haus. Doch an einem Neujahrsmorgen ragten nurmehr schwarze Balken in den blauen Himmel. In der Nacht hatte ein Feuerteufel zugeschlagen. Das trockene Schilf brannte wie Zunder. Die Feuerwehr versuchte zu löschen, was noch zu löschen war. Was man erst einige Jahre später erfuhr: Ein Feuerwehrmann hatte den Brand gelegt. Wahrscheinlich half er voll Eifer bei der Bekämpfung der Flammen. Man liess den Kopf nicht hängen, und bald schon erstrahlte der Pfahlbau wieder im alten Glanz.

Das grosse Gartenrestaurant mit seinen eisernen Tischen und Klappstühlen lud an sonnigen Sonntagen die durstigen und oft auch hungrigen Spaziergänger zu einem feinen Zvieri ein. Die Auswahl war gross. Kalte Getränke, Gebäck, Kuchen jeder Art und Eiskugeln in vielen Aromen. Aber auch Schüblige mit Kartoffelsalat für den besonders hungrigen Magen. Dazu ein kühles Bier. Serviertöchter in schwarzer Kleidung und mit neckischen kleinen Spitzenschürzen liefen mit vollen Tabletts nimmermüde hin und her. Für uns Kinder war ein Sirup, begleitet von einem Nussgipfel, bereits ein Fest.

Am Seeufer und auf dem Wasser

Grosse Dampfschiffe durchpflügten in langsamer Bahn das Wasser. Die Leute winkten uns zu. Im Sommer machten auch meine Grosseltern mit mir hin und wieder einen Ausflug bis nach Rapperswil. Gleich Schmetterlingen schaukelten die weissen Segel der Segelschiffe auf dem See. Ruderboote und Pedalos kreuzten den See in alle Richtungen. Motorboote gab es nur sehr wenige. Als Jugendliche liebten wir es, mit den Pedalos in die Wellen, die von

Der Enten- und Schwanenteich mit der Steinbrücke im Zürichhorn (1937).

den Dampfschiffen ausgingen, zu fahren. Das schaukelte so toll. Mit einem Ruderboot war dies schon etwas gefährlicher, vor allem wenn man nicht schwimmen kann.

Die Seepromenade zog sich vom Zürichhorn bis zum Bellevue dem Ufer entlang. Man flanierte am Quai entlang oder sass auf einer Bank und beobachtete ganz entspannt die anderen Spaziergänger. Da Zürich bereits in jener Zeit eine Weltstadt war, sah man auch viele Feriengäste. Aus den Kinderschuhen heraus, sassen wir oft in Gruppen auf Bänken. Flüsternd und kichernd liessen wir uns über die ahnungslosen Vorübergehenden aus. Zu jener Zeit verbrachten viele amerikanische Soldaten ihre Urlaubstage in der Schweiz. Am See traf man sie immer wieder. Schon von weitem sahen wir ihre Uniform, und sofort stürmten wir auf sie los. «Chewing gum, please» war unser einziger Satz in englischer Sprache. Sie lachten uns freundlich an und zogen jedesmal ein Päcklein aus der Tasche. Es schmeckte zwar nach Gummi, aber man konnte Blasen formen, die vor dem Mund zerplatzten. Doch vor allem war es etwas völlig Neues.

Am Utoquai bekamen wir zum ersten Mal Kaugummi (Aufnahme um 1938).

Herbst- und Winterstimmungen

Wenn im Herbst der Sturm tobte und die hohen Wellen sich mit weissen Kronen schmückten, zeigte der See sein zorniges Gesicht. Gerade dieses Wetter zog mich ans Wasser. Geschützt durch meinen Trenchcoat stand ich am Ufer und liess dieses Schauspiel auf mich einwirken. Das Zürichhorn war mehr oder weniger menschenleer, und ich fühlte mich wie auf einer einsamen Insel. Den Regen spürte ich nicht, ich hörte nur das Tosen der Wellen, das Brausen des Windes und hin und wieder einen Schrei eines Vogels. Vor einem Gewitter erinnerte die Seefläche jeweilen an flüssiges Blei. Man spürte die Ruhe vor dem Sturm. Lag der Nebel über der Wasserfläche, schien der See irgendwie unwirklich. An solchen Tagen glichen die Häuser auf der anderen Seite des Sees einer Fata Morgana, wenn sie überhaupt sichtbar waren. Als ich in der City arbeitete, ging ich jeden Tag morgens und abends zu Fuss dem See entlang. So habe ich diesen mit all seinen Launen und Stimmungen erlebt.

Sehr viele Enten, Taucherli und anmutig durch das Wasser gleitende Schwäne belebten die Seeufer. Jeden Winter standen wir Kinder am See und fütterten die Vögel mit altem Brot. Vor den Schwänen musste man sich schon mal in acht nehmen, die können nämlich recht bissig sein. Mit durchdringenden Schreien flogen die Möwen über unsere Köpfe und erhaschten das Brot im Flug. Hin und wieder bedankten sie sich bei uns mit einem weissen Fleck auf dem Kleid.

Landi 1939

Neben dem Zürichhorn, auf dem Areal des jetzigen Strandbades, stand ein grosser Teil der Schweizerischen Landesausstellung 1939. Der andere Teil stand gegenüber in Wollishofen. Am bekanntesten war landauf und landab das Landidörfli. Von ihm gab es sogar einen berühmten Schlager, den man im Radio auch heute noch hin und wieder hört. Jeden Tag pilgerten Tausende durch diese Ausstellung, die einen Querschnitt durch unser Land zeigte. Eine Schwebebahn überquerte den See, das war natürlich für Zürich eine Attraktion. Allerdings traute sich nicht jedermann, in diese schwankende Gondel einzusteigen. Zu dieser Zeit war ich erst zwei Jahre alt. Meine Tante Carmen war damals ein junges Fräulein und wohnte noch bei meinen Grosseltern. Zu ihrem Leidwesen musste sie mich oftmals in ihrer Freizeit hüten. Einmal wollte sie mit Freundinnen in die Landi. Natürlich musste sie auch mich mitschleppen. Doch sie fand bald eine sehr ungewöhnliche Lösung, um mich während einiger Zeit loszuwerden. In Vereinbarung mit den Angestellten setzte sie mich in eines der Boote im Schifflibach. Sie erzählte mir später, ich hätte mich nicht vom Platz gerührt und ebenso wenig geschrien. Die Grosseltern haben es, glaube ich, nie erfahren.

Als ich lesen konnte, gab mir die Nonna, wenn ich krank war, das Erinnerungsbuch der Landi. Das vertrieb mir manche Stunde, wenn ich nicht aufstehen durfte. Es war voller Bilder und Fotos. Die Texte selber erzählten viel über die Schweiz, wie sie sich damals darstellte.

Die Mobilmachung

August 1939, Hitler überfällt Polen. Beginn des Zweiten Weltkrieges. In der Schweiz kommt es zur allgemeinen Mobilmachung. Alle Soldaten mussten einrücken und wurden zum Schutz an unsere Grenzen geschickt. Plötzlich sahen sich die Mütter vor die Aufgabe gestellt, für ihre Familie aufzukommen und allein die Verantwortung für sie zu übernehmen. Viele bekamen kein Geld für den Lohnausfall. Somit gab es viele Haushalte, die Mühe hatten, ihren Kindern jeden Tag etwas Währschaftes auf den Tisch zu stellen. Doch gerade in dieser Zeit zeigte es sich, dass auch Frauen ihren Mann stellen konnten. Man sollte also nicht nur unseren Soldaten für die Verteidigung unseres Landes danken, sondern auch den Soldatenfrauen. Es gab Betriebe, welche die Männer durch Frauen ersetzten, und diese konnten somit einige Franken verdienen. Die Erwachsenen hatten sicher grosse Angst vor der Zukunft, aber sie liessen sich vor den Kindern nichts anmerken.

Die Landi wurde sofort vorzeitig geschlossen. Die meisten Männer, die dort arbeiteten, mussten ins Militär. Aber bereits nach einigen Tagen wurde die Ausstellung erneut eröffnet. Erst im Herbst schloss sie ihre Tore endgültig.

Ein Teil wurde abgebaut, anderes blieb stehen, vor allem das Landidörfli. Als die ersten Flüchtlinge in unser Land strömten, wurden die Holzbaracken und das Dörfli als Unterkünfte benützt. Viele Private nahmen sich der Flüchtlingskinder an. Die Familie Gygax nahm die kleine Ruth zu sich. Ihr Vater war im Lager untergebracht. Beide waren aus Polen geflohen und konnten kein Deutsch. Das Kind lernte aber unsere Sprache sehr rasch, und sie heiratete dann später einen Schweizer. Viele Familien halfen auch bei der Verköstigung dieser Vertriebenen. Auch die Nonna kochte jeden Tag etwas mehr, denn der Nonno war wegen seinem Alter nicht eingezogen worden. In aufeinandergestapelten Aluminiumtöpfen brachte ich das heisse Essen ins Landidörfli, wo sich Frauen um die Verteilung kümmerten. Natürlich ahnten wir damals nicht, welches Elend diese Menschen ereilt hatte. Niemals haben wir von ihnen Klagen gehört. Sie sprachen nie mit uns und wenn, verstanden wir sie nicht. Doch ihr Blick war meistens abwesend. Allerdings, Frauen, welche diese Vertriebenen besuchten oder auch betreuten, erzählten uns, dass schon ein Wort oder eine Geste ihre Augen aufleuchten liess und sie aus ihrer Apathie rissen.

Nach dem Krieg wurde das Dörfli abgebaut. Nach und nach blieben dann nur noch einige Hallen übrig, die als Lagerhäuser von verschiedenen Firmen benützt wurden. In einer dieser Baracken standen sogar Bühnenkulissen für das Opernhaus.

Häuser und Strassen

Vor allem der untere Teil des Seefelds war überbaut mit älteren vier- bis fünfstöckigen Mietshäusern. Die Strasse säumend lehnte sich Haus an Haus, so, als wollte jedes seinen Halt beim andern finden. In verschiedenen blassen Farben oder auch nur in Weiss oder Grau wies auch jede Fassade ihre Eigenheiten auf. Doch auch durch die Anordnung der Fenster und der Balkone besass jedes Gebäude seinen eigenen Charakter. Die hinteren Fenster gaben die Aussicht auf den Hinterhof frei. Eine zweite Haustüre führte hinten hinaus in den Hof. An einigen Fenstern waren einfache Trockenvorrichtungen für die Handwäsche angebracht. Für jedes Haus stand eine Teppichstange zur Verfügung. Aussenkeller mit ungesicherten, steil abwärts führenden Stiegen waren für unsere Eltern wahrscheinlich oftmals ein Alptraum. In unserem Haus bewahrte ein Maler seine Farbtöpfe in diesem Lokal auf.

In jedem Hauskeller gab es damals einen Luftschutzraum. Dies war obligatorisch. Das Fenster und die Türe wurden mit einer sehr dickwandigen und schweren Betontür verriegelt. Eigentlich war es Vorschrift, dass bei Fliegeralarm jeder sofort in diesen Raum hinunter gehen musste. Aber bei uns im Hause war kaum je einer unten. Eine Bewohnerin bemerkte einmal: «Lieber sofort tot, als in dem Rattenloch unten langsam zu sterben.» Das genügte. Die Sirenen heulten, doch jeder blieb ruhig in seinen vier Wänden. Im Estrich stapelten sich Sandsäcke. Im Falle eines Brandausbruches sollten die Verantwortlichen des Zivilschutzes versuchen, das Feuer mit Sand einzudämmen. Meist hatten Frauen dieses Amt inne, so auch meine Tante.

Etwas Grün, kleinere Bäume und Sträucher wuchsen verschämt zwischen den hohen Hausmauern. Sogar einige vorwitzige Unkräutchen wagten sich zwischen den Steinen hervor. In mehreren Höfen hatten Hausmeister einen gut umzäunten kleinen Gemüsegarten angelegt. In unserem Hof stand ein Feigenbaum. Seine Blätter waren grün, doch was die Früchte betraf, waren diese eher bescheiden und wurden auch niemals reif. Da waren die im Tessin schon viel besser. Aber die Sonne sandte nun mal ihre Strahlen nicht gerade verschwenderisch in diese Hinterhöfe. Dafür war im Sommer die Hitze dort mörderisch, da sie sich zwischen den Mauern staute.

Der obere Teil des Quartiers

Das ruhige Quartier lag am Abhang oberhalb des Sees und erstreckte sich bis zur Forchstrasse und Rehalp. Mehr oder weniger steile Strassen verbanden unten und oben. Die wohl steilste aber ist die Flühgasse. Wer sich im Winter dort mit dem Schlitten hinunterzufahren getraute, wurde von uns als «toller Hecht» angesehen. Die Herrschaftshäuser stehen vor allem entlang der Zollikerstrasse sowie der Südstrasse. Hohe Steinmauern verhindern den Blick auf diese Villen. Es gibt aber auch welche mit Aussicht auf den See, doch keine stand direkt am Ufer. Diese Häuser sind umgeben von weiten Parkanlagen mit ehrwürdigen, oft auch fremdländischen Bäumen. Lieferanten übergaben ihre Ware vorne am Eingang im kleinen Pförtner- oder Gärtnerhaus. Riesige Portale aus verziertem Schmiedeisen trennten den Park von der Strasse. Hohe eiserne Zäune mit abschreckenden Spitzen hielten die Widerrechtlichen ab, das Grundstück zu betreten.

Den Tennisspielern stand ein Platz an der Kartausstrasse zur Verfügung. Einige Kinder verdienten sich dort ein kleines Taschengeld. Sie lasen nach der Schule die Bälle für die Spieler auf. Zuoberst an der Südstrasse steht das Burghölzli, das Spital für Geisteskranke. Nur mit einem kleinen Schauder liefen wir dort vorbei. Wir waren überzeugt, dort lauerten lauter gefährliche Menschen auf uns. Verstohlen blickten wir dann zu den vergitterten Fenstern hoch.

An der Zollikerstrasse liegt die katholische Erlöserkirche, die dank ihres Pfarrers, Herr Dr. Gnos, im Jahre 1937 gebaut wurde. Damals wurden an einem Sonntag vier Messen gelesen, und die Kirche war, vor allem beim Hochamt, voll. Heute besitzt die Kirche, wie ich erfuhr, nicht mal mehr einen eigenen Pfarrer. Die reformierte Neumünsterkirche, die viel älter ist, liegt in der Nähe des Hegibachplatzes auf einer kleinen Anhöhe.

Im unteren Teil des Seefelds stehen zwei Schulhäuser, das eher kleine, damals fast 100jährige Seefeld-Schulhaus und das grosse Münchhalden. Weiter oben zwei weitere Bildungsstätten, das Kartaus und das Mühlebach. Grosse, mit Kies bestreute Pausenplätze standen den Schülern zur Verfügung. Daneben lag der Schulgarten. Dieser wurde vom Hauswart liebevoll bepflanzt. Dieser führte auch die Aufsicht während der Pausen und achtete darauf, dass wir im Haus und auch draussen Ordnung hielten. Breite Treppen aus Holz führten in die verschiedenen Stockwerke. Die Zimmer waren gross, mit hohen Decken. Die Bänke in den Klassen waren zum Teil alt und meist stark zerkratzt. Andere wiederum waren modern, und die Schreibplatte liess sich sogar verstellen. Aber in jedem war oben ein Tintenfass eingelassen. Wir schrieben damals noch mit Federn, Kugelschreiber waren unbekannt. Die Schulbänke standen in Dreierreihen hintereinander. Je zwei Schüler sassen nebeneinander. Vorne befand sich das grosse Lehrerpult. Dahinter die verschiebbare zweiteilige Schiefertafel. Die einzelnen Tafeln wurden gedreht wie bei einem Buch oder auch nach unten oder oben verschoben. Von der Decke herab hingen grosse Landkarten für die Geografie sowie Karten für verschiedene andere Fächer.

Im Tiefenbrunnen und am Utoquai lagen die beiden Badeanstalten. Sie waren aus Holz und schon ziemlich alt. Für die Nichtschwimmer war im

Innern ein Bassin eingebaut. Die Kabinen waren mehr als dürftig. In beiden Badeanstalten wurden die von der Schule aus obligatorischen Schwimmkurse durchgeführt. Nach einem Jahr konnte ich es noch immer nicht. So sollte ich nochmals ein weiteres Jahr in den Kurs. Anstatt wie letztes Mal ins Utoquai, musste ich diesmal in die Badeanstalt Tiefenbrunnen. Doch dort stand die Schwimmlehrerin im Ruf, ängstliche Kinder einfach in den See zu werfen. Wollten sie nicht ertrinken, mussten sie wohl oder übel schwimmen. Meine Angst war riesig, und ich brachte es tatsächlich fertig, mich zu drücken. Trotzdem habe ich das Schwimmen in späteren Jahren doch noch gelernt.

Die Schrebergärten

An der Dufourstrasse und oberhalb der Südstrasse standen den Bewohnern des Quartiers Schrebergärten zur Verfügung. Diejenigen unterhalb des Friedhofs Enzenbühl werden auch heute noch benützt. Jeder Garten besass sein eigenes Holzhäuschen. Dieses war für das Versorgen der Gartengeräte vorgesehen. Doch viele richteten es als Wohnraum ein. Mit einem Feldbett konnte man bei der grössten Hitze am Nachmittag drinnen sein Verdauungsschläfchen machen oder sogar auch mal übernachten. Jeder Garten besass seine korrekt ausgerichteten Gemüsebeete, eine Regentonne und natürlich viele Blumen in allen Farben. An den Abenden und an Wochenenden traf man im Sommer die Hobbygärtner und ihre Familien. Dort konnte man sich in der freien Natur vom grauen Alltag erholen. Auch manches Fest mit Musik und Gesang wurde in diesen Gärten gefeiert.

Auch wir besassen während einigen Jahren einen solchen Garten. Ich aber war nicht das, was man unter einer passionierten Gärtnerin versteht. Schon allein das Pflücken von Himbeeren oder Brombeeren fand ich ätzend. Von den Dornen an den Sträuchern waren jeweilen die Arme und Hände zerkratzt. Beim Jäten musste man sich, meiner Meinung nach, viel zu viel bücken. Nur um Blumen habe ich mich immer gerne gekümmert, für diese hatte ich schon als Kind eine besondere Liebe.

Die Klinik Inselhof und seine Babys

Fast alle Tage sah man junge Schwestern in ihrer blau-weiss gestreiften Uniform mit einem Leiterwagen oder einem riesigen Korbwagen voll kleiner Kinder. Der Inselhof führte seine Babys spazieren. Im Inselhof, einer Geburtsklinik, wurden aber auch angehende Kinderschwestern ausgebildet. Ledige oder alleinstehende Mütter, die nach der Geburt nicht wussten wohin mit ihrem Baby, konnten es im Heim zurücklassen. Bei Einwilligung der Mutter wurde dann das Kind von fremden Eltern adoptiert oder in eine Pflegefamilie gegeben. Die anderen blieben dort, bis sie drei Jahre alt waren, dann kamen sie in ein anderes Heim. In der Nähe des Sees stand die private Paracelsusklinik.

Der Wald

Im oberen Teil des Seefelds, in der Nähe der Burgwies und Rehalp, lagen grössere Tannenwälder. In den heissen Sommertagen gingen wir oft dort spazieren. Doch im Herbst holte der Nonno den Leiterwagen aus dem Keller. Zusammen gingen wir dann in den Wald hinauf. Es war früh am Morgen und noch fast dunkel. Viele verspätete Nebelfetzen konnten sich nicht von den Bäumen trennen. Es roch intensiv nach feuchter Erde. Der Boden war übersät von farbigen Blättern und rostfarbenen Tannennadeln. Tief habe ich jeweilen diesen besonderen Duft eingeatmet. Der Herbst ist auch heute noch meine Lieblingsjahreszeit, so verrückt dies scheint. Das Sterben der Natur stimmt mich nicht traurig, denn im Frühling erwacht sie immer wieder zu neuem Leben. Mein Nonno mahnte mich, leise zu sein, so konnten wir oft ein Reh oder einen Hasen bei seiner morgendlichen Mahlzeit beobachten. Dann aber begann die Arbeit. Wir sammelten das Reisig am Boden zusammen, und mit einer Schnur band es Nonno fachgerecht zusammen. War der Wagen beladen, gönnten wir uns eine kurze Pause. Dann hiess es sich weiter bücken. Wir suchten Pilze, dass heisst, eigentlich schaute ich nur zu. Mit dem hochbeladenen Leiterwägeli und einem Papiersack voller Steinpilze kamen wir wieder nach Hause. Nonna befreite die Pilze von Erde und Blättern und schnitt sie in Lamellen. Ein Teil wurde zum Mittagessen in Butter und mit Petersilie gedünstet. Der Rest wurde auf einem Kartondeckel ausgelegt. Auf dem Fensterbrett liegend trockneten sie in einigen Tagen. So ein Risotto mit Steinpilzen war bei uns für alle ein richtiges Festessen.

Die Bellerive- und die Seestrasse

Fast beim Theater vorne stand an der Seestrasse das elegante Luxushotel Bellerive. Der Eingang wurde von einem Portier bewacht, der den Gästen jeweils die Türe öffnete. Davor hielten elegante Limousinen. Nebenan war die grosse Garage der AMAG. Dort arbeitete mein Onkel Rico, und ich besuchte ihn hin und wieder. Direkt gegenüber befand sich das Frascati, damals Restaurant und Dancing. Später gehörte es zur Restaurantkette Wienerwald.

An der Belleverivestrasse begann sich, erstmals in der Schweiz, das Televisions-Zeitalter zu regen. Die ersten Studios strahlten ihre Sendungen für die noch wenigen Besitzer eines Apparates aus. Allerdings nicht jeden Tag und jeweilen nur zwei Stunden am Abend. Weder bei meinen Freunden noch bei mir zu Hause stand ein solches Gerät. Diese waren noch viel zu teuer. Vorläufig war das Radio noch Mittelpunkt.

An der Tramhaltestelle Theater stand die Druckerei der «Neuen Zürcher Zeitung». In Schaukästen wurden jeden Tag die Seiten mit den neuesten Nachrichten ausgehängt. In der Stadt Zürich gab es noch den «Tages-Anzeiger» und das «Tagblatt». Der «Blick» kam erst später.

Der Hornbach

Zwischen der Tramhaltestelle Höschgasse und der Fröhlichstrasse fliesst der Hornbach. Er wird durch eine hohe Mauer gezähmt, und zudem schlängelt sich das Wasser zwischen zwei Betonteppichen. Oft sind wir die an der Mauer befestigte Eisenleiter hinuntergeklettert. Das Bachbett war schmal genug, um ohne Mühe darüber zu springen. Doch eines Tages bescherte uns dieser Bach eine gewaltige Überraschung. Nach einem starken Gewitter gelang es ihm auszubrechen. Er überwand ohne Gewissensbisse seine Mauern und machte sich in einem grossen Teil des Seefelds breit. Ein eingekeilter Baumstamm unter einer der Brücken war schuld an der ganzen Misere. Die Feuerwehr hatte alle Hände voll zu tun, um die überschwemmten Keller auszu-

Der in sein Bett gezwungene Hornbach. Im Hintergrund die Zeltlifabrik (um 1956).

23

pumpen. Überall auf den betroffenen Strassen lagen Schlamm und Sand. Endlich lohnte es sich, die Schuhe zu putzen. Ende des Nachmittags gelang es dann der Feuerwehr, den Bach wieder in seine Schranken zu verweisen. Seitdem fliesst der Hornbach wieder gesittet und wie es sich gehört in seinem Bett. Im Zürichhorn erwartet ihn dann der See, um sich mit ihm zu vereinen.

Der Kindergarten

Mit fünf Jahren begann der Ernst des Lebens. Ich musste, wie die anderen gleichaltrigen Kinder auch, in den Kindergarten. Am Anfang wurde ich, wegen der Überquerung der Dufourstrasse, begleitet. Es gab mehrere Kindergärten im Seefeld, aber meiner lag vis-à-vis vom Eingang zum Zürichhorn. Eine langgezogene Baracke mit drei Zimmern lag eingebettet in einer Wiesenmulde. Draussen stand für jede Klasse eine niedere Rundbank. Wenn die Sonne schien, sassen wir draussen und verzehrten dort unseren mitgebrachten Znüni oder Zvieri. Der Duft einer Schwarzbrotschnitte zusammen mit einem Apfel lässt sofort Bilder jener unbeschwerten Zeit in mir aufsteigen.

Im Innern standen uns, in hellen und angenehmen Räumen, Spielzeug und angepasste Tischchen und Stühlchen zur Verfügung. An den Fenstern klebten unsere Kunstwerke: Bastelarbeiten und Zeichnungen. Spielen, Zeichnen und Basteln, aber auch bereits die ersten Disziplinübungen gehörten zum Tagesprogramm. Aus leeren Gerberschachteli entstanden Blumenhütchen, aus Ton Kerzenständer oder Aschenbecher, meist einzigartig in ihrer kindlichen Kunst. Am schwierigsten aber war das Stillsitzen ohne zu plappern. Im Kreise, die Ärmchen verschränkt und ohne die Beinchen zu schlenkern, hörten wir aber dann doch gebannt unserer «Tante Klara» zu. Sie erzählte uns wunderschöne Geschichten. Wir lernten kurze Verslein, und mit viel Eifer sangen wir «Roti Rösli im Garte . . .» und andere Liedchen.

Die Geburtstagspuppe

Der Geburtstag jedes Kindes wurde mit einem kleinen Fest gefeiert. An diesem Ehrentag durfte man jeweilen mit einer grossen Puppe spielen, die sogar richtiges Haar besass. Normalerweise lag sie eingesperrt in einem Schrank. Zu Hause besass ich damals keine Puppe. So hatte ich nicht nur einmal im Jahr Geburtstag, sondern auch an einigen von mir bestimmten Tagen. Natürlich war ich mir nicht darüber klar, dass ich log. Doch Tante Klara tat so, als merkte sie nichts. Sie legte mir für den ganzen Morgen das ach so begehrte Puppenkind in die Arme. Heute würde man sagen, hier unterlief der Lehrerin ein pädagogischer Fehler. Anstatt Psychologie-Anwendung liess sie halt ganz einfach ihr Herz sprechen. Aber ich habe es Tante Klara nie vergessen. Allerdings, die kleine Feier mit einem Kuchen fand auch für mich nur an meinem richtigen Geburtstag statt, und das war bestimmt in Ordnung.

In der zweiten Klasse nahm mich Ruth, eine Schulfreundin, nach der Schule zu sich nach Hause. Zusammen mit ihrer Mutter führte sie mich ins Kinderzimmer. Auf dem Bett lagen in Reih und Glied viele verschiedene Puppenkinder. Eines war schöner als das andere. Zu meinem Erstaunen sagte sie mir, ich dürfe eines davon aussuchen und nach Hause mitnehmen. Doch dasjenige, das ich auslas, nahm mir ihre Mutter wieder weg. Dafür legte sie mir die allerschönste Puppe in den Arm. Ich wusste nicht, wie mir geschah. Sie besass richtige Haare, und ihr Lächeln war wie das eines Kindes. Ich konnte es kaum glauben, dass dieses Traumwesen von jetzt an mir gehörte. Ich besitze sie heute noch, und niemals durfte meine Tochter ohne Aufsicht als Kind mit ihr spielen. Doch was ich ebenfalls niemals vergessen

Meine einzige Puppe (1945).

25

habe, ist, mit wieviel Behutsamkeit und Freude Ruth und ihre Mutter mir dieses Geschenk machten.

Im Winter, wenn Schnee lag, durften wir mit dem Davoser in den Kindergarten. Doch die Schule besass auch einen grossen Engadinerschlitten mit langen, seitlichen Bänken. Eingepfercht in diesem fuhren wir dann jauchzend das Hügelchen hinunter. Die Abfahrt war zwar kurz, aber herrlich.

In derselben Baracke gab es auch einen Tageshort. Ich verstand damals nicht, wieso einige Kinder nach der Schule nicht nach Hause durften. Auf die meisten von uns wartete beim Nachhausekommen die Mutter mit dem Zvieri, allerdings keine Süssigkeiten, sondern ein Butterbrot.

Die Hinterhöfe

Die Höfe waren, trotz Schattendasein, für uns als Tummelplatz wie geschaffen. In unserem stand eine Schlossereiwerkstatt. Draussen vor dem Gebäude standen unter freiem Himmel mehrere Eisensäge- und Schleifmaschinen. Überall stapelten sich Eisenstangen und -platten. Hergestellt wurden Schmiedeisenzäune und -tore, genau die mit den gefährlichen Spitzen. Wenn die Säge das Eisen durchschnitt, ging einem das kreischende Geräusch durch Mark und Bein. Die Abfälle am Boden bildeten dann unser Spielzeug. Verschieden geformte Eisenplättchen und Stäbchen wurden zu Lebensmitteln für das «Verkäuferlis»-Spiel. Ein anderes Mal benützte man sie als Bauklötzchen. Unsere Fantasie erfand immer Neues. Wir konnten aber auch zusehen, wie ein geschwungenes, mit Blumen verziertes Balkongitter oder ein Portal entstand. Kamen wir den Maschinen zu nahe, wurden wir rasch vertrieben.

Die verschiedenen Teppichstangen verwandelten sich in Turngeräte. Man verbot uns zwar, auf diese Stangen zu klettern. Ein kurzer Blick zum Fenster hinauf, es könnte ja jemand zusehen, schon sassen wir wieder oben. Einige dieser Klopfstangen waren am Geländer der Aussenkeller befestigt, und auf der einen Seite ging es daher ganz schön in die Tiefe. Aber gerade dieses Geländer erlaubte es uns, überhaupt auf die Stange zu gelangen. Da die meisten Kinder, auch damals, die Gefahr nicht sahen, versuchte jeder den anderen mit den waghalsigsten Kunststücken wie dem «Gloggi» oder dem «Frosch» zu überbieten. Aber am meisten bewunderte man den Helden, der, Kopf nach unten, nur an einem Bein hing. Tief unter ihm gähnend der steinerne Kellerboden. Unsere Schutzengel waren dauernd im Einsatz, und sie kamen wohl einige Male ins Schwitzen.

«Versteckis» spielen, für uns kein Problem. An Schlupfwinkeln fehlte es nicht. Wir machten es demjenigen, der suchen musste, nicht leicht, uns zu finden. In einigen Höfen waren die privaten Gemüsegärtchen durch einen eisernen Zaun geschützt. Lange, scharfe Spitzen sollten zusätzlich das Betreten verhindern. Doch für uns absolut kein Hindernis. Risse in Hosen und Röcken waren daher nicht immer zu vermeiden, wenn man beim Übersteigen an einer Spitze hängenblieb. Auch meinem neuen Faltenjupe wurde eine solche zum Verhängnis. Es machte ratsch, und schon prangte ein grosser Riss im Stoff. Wie sollte ich mich so nach Hause getrauen? Ich zögerte es hinaus, so lange ich konnte. Da ich aber nicht wusste, wo schlafen, und Durst und Hunger mich plagten, machte ich mich schweren Herzens schlussendlich auf den Heimweg. Das Gewitter liess nicht auf sich warten und entlud sich mit grosser Stärke über mein schuldiges Haupt. Ein Riss und dann noch verspätete Heimkehr, etwas zu viel des Guten. Ich wusste doch genau, dass sich Nonna schnell Sorgen machte. Da gab es nur eines, einige Tage Hausarrest, damals eine harte Strafe.

Wir spielen selber Zirkus

Als wir grösser waren, durften viele von uns in den Zirkus. Wir waren von den Darbietungen natürlich stark beeindruckt. So dachten wir, warum nicht auch eine solche Vorstellung auf die Beine stellen. Je-ka-mi (jeder kann mitmachen). Aber wir wollten etwas Ernsthaftes machen und nicht nur zum Plausch. Üben und Nummern einstudieren war also Ehrensache. Unsere Knochen waren zwar noch weich, aber der Spagat und die Brücke sahen bedeutend leichter aus, als sie es waren. Unsere armen Betten oder sogar die Sofas mussten zum Üben von Saltos herhalten, natürlich wenn die Eltern gerade nicht hinsahen. Jedes Kind konnte wählen, was es machen wollte. Die begehrte Rolle aber war die des Clowns und da gab es schon einiges Hick-Hack. Ich hatte Glück und durfte einen solchen spielen. Es war gar nicht so leicht. Wie stellt man es an, dass man vor Lachen nicht platzt, wo man doch ganz ernst bleiben musste. Denn lachen sollten ja nur die Zuschauer. Was für eine Knacknuss, dieses bekannte «Bienchen, Bienchen, gib mir Honig». Entweder verschluckte ich das Wasser, oder ich pustete es meinem Gegenüber viel zu früh ins Gesicht. Da wir beschlossen hatten, Eintritt zu verlangen, sollte das Ganze schon etwas seriös sein. Wir wollten doch den anderen Kindern für ihr Geld etwas bieten.

Nach soviel Mühe kam endlich der grosse Tag. Die Mütter hatten alte Decken und Stoffreste ausgegraben und uns diese für den Vorhang und die Kulisse zur Verfügung gestellt. Eine Teppichstange trennte die «Manege» vom Zuschauerraum. Auch Küchenstühle mussten organisiert werden, das waren die teuren Plätze, die restlichen Kinder mussten stehen. Die Werbetrommel rührend zogen wir durch das nähere Quartier. Die ersten Zuschauer erschienen an der sogenannten Kasse und erhielten ihre, von uns selbst angefertigten, Eintrittsbillette. Sitzplatz 4 Rappen und Stehplatz 2 Rappen. Neugierig blickten wir durch die Löcher im Vorhang. War auch genug Publikum da? Ja, doch, wir konnten zufrieden sein.

Es ging los. Der «Direktor» machte die Ansagen. Und ohne Pause (wir konnten ja kein Eis verkaufen) ging es Schlag auf Schlag. Reisbesen waren unsere hochwertigen Pferde, mit denen die hohe Schule vorgeführt wurde. Streng stand der «Dressurmeister» mit einer handgefertigten Peitsche in der Mitte. Ein Hund mit einem einzigen Kunststück, mehr konnten wir ihm nicht beibringen, war der einzig echte «Vierbeiner». Mit fast akrobatisch reifen Turnübungen am Boden und atemberaubenden Pyramiden erfreuten gelenkige Artisten die Zuschauer. Ein Jongleur, der sogar drei Bälle schaffte, nur hie und da fiel einer auf den Boden, brachte alle zum Staunen. Gerne hätten wir eine Trapeznummer gehabt, aber an der Teppichstange hing der Vorhang. Sogar eine Raubtiernummer wurde vorgeführt, wobei diese Löwen lauter brüllten als die richtigen. Die Clowns wurden schon vor der Darbietung mit viel Gelächter begrüsst. Wie ich richtig befürchtet hatte, klappte das mit dem Bienchen wieder nicht, und die Nummer musste wiederholt werden. Aber dies tat unserem Eifer keinen Abbruch. Das Schönste: die Kinder lachten. Das Finale versammelte dann alle Künstler, um den wohlverdienten Applaus entgegenzunehmen. Wir beschlossen, noch einige weitere Vorstellungen zu geben, hatte es doch im Quartier noch genug Kinder, die es nicht gesehen hatten. Sogar einige Mütter erwiesen uns die Ehre.

Schneefreuden

In jedem Winter schneite es ausgiebig, und überall lag genug Schnee. Einmal bauten wir in unserem Hof eine Schneehütte. Klein und Gross half mit. Wer sich drückte, durfte das fertige Haus nicht betreten. Die Kleineren unter uns formten riesige Schneekugeln. Diese wurden dann von den Grösseren sehr sorgfältig aufeinandergeschichtet und aneinandergedrückt. Selbstverständlich vergassen wir weder den Eingang noch die Fenster noch einen Abzug oben auf dem Dach. Auch Bänke wurden im Innern aus Schnee der Wand entlang gebaut. Damit wir keinen kalten Po bekamen, belegten wir die Sitzgelegenheit mit alten Brettern. In der Mitte thronte ein grosser Tisch. Der Fuss bestand aus Schnee. An der Türe und am Fenster wurde ein alter Vorhang befestigt. Seine Rolle war zweifach, einmal sollte er die Kälte abhalten und zum anderen die Neugierigen verscheuchen.

Nachdem die Hausaufgaben erledigt waren, bei einigen mehr schlecht als recht, trafen wir uns in unserer Schneehütte. Damit für das leibliche Wohl gesorgt war, spendierten ganz liebe Mütter etwas Süsses sowie Getränke. Auf dem Tisch lagen Früchte, Biskuits und sogar selbstgemachte Kuchen. Kerzen dienten uns als Wärme- und Lichtquelle. Wir sangen und erzählten uns Witze, assen und tranken, und keiner fror, trotz der Kälte draussen. Leider mussten wir immer viel zu früh nach Hause. Jeden Winter hütete auch ein grosser Schneemann unseren Hof. Kam der Frühling, wurde unser Herr immer dünner und kleiner. Zuletzt blieben nur noch ein Flecken Schnee und eine runzelige Rübe von ihm übrig.

Ein paar ältere Buben kannten mich als Angsthasen. Sie lockten mich in die Schneehütte. Als ich drinnen war, verbarrikadierten sie den Eingang und das Fenster mit Brettern. Sie drohten mir, mich die ganze Nacht festzuhalten. Was für sie ein Heidenspass war, erweckte in mir nur Panik und tiefe Angst. Ich war auch überaus leichtgläubig und liess mich daher leicht ins Bockshorn jagen. Aber etwas konnte ich gut, nämlich schreien. Mein Protestgeschrei war so nervtötend, dass sie mich rasch wieder freiliessen. Einige Zeit lang getraute ich mich nicht mehr in den Hof.

Der Hof als Marktplatz

Die Leierkastenspieler gehörten ebenfalls zum allgemeinen Strassenbild. Meist gaben sie ihre Ständchen in den Höfen. Die meisten Leute mochten sie, und wenn sie auftauchten, streckten viele Leute den Kopf aus dem Fenster. Für eine Abwechslung war man sich nie zu schade. Wir Kinder aber scharten uns um den Mann, der seinem Instrument so schöne Töne entlockte. Am Schluss des «Konzertes» warfen die Zuhörer in Zeitungspapier eingewickelte Münzen in den Hof hinunter. Der Musikus sammelte sie ein, zog seinen Hut und dankte mit einer vollendeten Verbeugung.

Laute Huptöne kündeten den kleinsten Markt des Quartiers an. Einmal in der Woche fuhr ein alter, ächzender und vollbeladener Lastwagen in den Hof. Frau Schmid, eine ältere Bauersfrau, lud Kisten und Körbe ab und breitete sie rundum auf dem Boden aus. Schon strömten die Frauen mit ihren Netzen und Einkaufstaschen aus den Häusern. Einige standen schon ungeduldig wartend im Hof unten. Da gab es vielerlei Sorten Gemüse, frisch gepflücktes Obst je nach Jahreszeit und noch fast warme Eier von glücklichen Hühnern. Wir durften oft eine Karotte oder eine Tomate auf der Stelle essen. Sie waren eben nicht mit Gift besprüht, und ein bisschen Erde schadete unserem Magen kaum. Im Sommer gab es farbenprächtige Blumensträusse, die bestimmt manche Stube verschönerten. Das wichtigste aber war der Austausch von Stadt- und Landnachrichten. Auf diese Art ersparte sich manche Familie die Tageszeitung. Nachdem auch die letzte Kundin wieder in ihre Wohnung zurückgekehrt war, lud Frau Schmid wieder alles auf ihren Lastwagen, und weiter ging es zum nächsten Standplatz.

Die Strasse als Spielplatz

Strassen als Spielplätze? Damals war das absolut normal. Es gab zwar schon Autos. Doch nur selten musste man die Fahrbahn verlassen. Das eine oder andere Mal sah sich der Fahrer gezwungen, wegen uns anzuhalten, bis wir das Feld geräumt hatten. Natürlich schimpften einige ziemlich lautstark. Wir machten ein zerknirschtes Gesicht, und das war es dann. War er um die Ecke verschwunden, setzten wir unser Spiel sofort wieder fort.

Die Zeichnungen für das Hüpfspiel «Himmel und Hölle» zierten zu gewissen Zeiten viele Trottoirs. Es war ein Spiel, das Geschicklichkeit und auch Gleichgewicht verlangte. Die Kreidezeichnungen lösten zwar nicht bei allen Anwohnern eitel Freude aus, aber der nächste Regen kam bestimmt.

Die Murmeln (in Zürich Chlüren genannt) hatten in unserer Freizeit oder in der Pause ebenfalls ihren festen Platz. Natürlich wollte man gewinnen. Besonders die grossen, buntschillernden Glaskugeln waren sehr begehrt. Sie wurden aber nicht allzu oft ins Spiel eingebracht. Jeden Frühling, wenn die Tage wärmer wurden, sah man plötzlich nur noch schwingende Seile. Das Hüpf-Fieber war wieder ausgebrochen. Fast jedes Kind besass ein solches Springseil, oftmals mit leuchtendfarbenen Holzgriffen. Man konnte genau so gut für sich allein «gumpen». Doch mehr Spass machte es zu zweit oder sogar mit mehreren Kindern. Während zwei das Seil schwangen, hüpfte man hinein und hinaus, mit beiden oder auch nur mit einem Bein. Kreisel und Holzreifen gehörten bereits der Vergangenheit an. Dafür gab es einige, die Stelzen besassen. Es brauchte aber viel Geschicklichkeit, mit denen zu laufen. Aber es machte Spass. Später kam das Hula-Hopp in grosse Mode. Jeder versuchte den Reif so formvollendet als möglich um die Taille schwingen zu lassen. Leicht war es nicht, und am Anfang rutschten diese Dinger immer zu Boden. Doch mit viel Übung brachte es mancher zur wahren Meisterschaft.

Die Rollschuhe

Mein heissester Wunsch waren Rollschuhe. Sie waren aus Metall und wurden ganz einfach an die Schuhe geschnallt. Fuhr man mit ihnen zu oft im Regen herum, bestand die Gefahr, dass sie Rost ansetzten. Es gab nicht so viele stolze Besitzer. Doch einige von diesen waren gerne bereit, uns diese zu leihen. Waren zu viele Anwärter da, bekam jedes nur einen Rollschuh. Auf einem einzeln geräderten Fuss flitzte man die Strasse rauf und runter. Blutende Knie und Ellbogen waren keine Seltenheit, gehörten aber sowieso zum Alltag. Heftpflaster stand in jedem Haushalt mit Kindern zur Verfügung. Kam ich mit aufgeschlagenem Knie oder Ellbogen nach Hause, wurde ich nicht sofort tröstend in die Arme genommen. Nein, erst einmal gab es Schimpfe. «Kannst du wirklich nicht besser aufpassen?», so hiess es jedesmal. Doch dann wurde die Wunde ausgewaschen, mit Jod betupft und ein Heftpflaster aufgeklebt. Noch einige liebevolle Ermahnungen, und schnell war der Schmerz vergessen.

Die Jagd durch das Quartier

Es gab auch gemeinsame Spiele mit lustigen Namen wie: «Mariechen sass auf einem Stein...», das Nastuchspiel oder «Blinde Kuh» und einige andere. Unsere Lieblingsspiele aber waren «Räuber und Poli», Schnitzel- und Pfeiljagd. Die Jagd erstreckte sich oft bis zur Rehalp hinauf und mindestens bis zur Kreuzstrasse. Für die Schnitzeljagd kamen nur windstille Tage in Frage. Papierfetzen führten uns auf die richtige Spur. Eine andere Variante waren Rallyes, bei denen kleine Zettel mit oftmals rätselhaften oder witzigen Angaben halfen, das Ziel zu finden. Bei der Pfeiljagd wurde gerne geschummelt. Plötzlich ein Kreidekreis auf dem Trottoir. Die Pfeile aber zeigten in alle vier Himmelsrichtungen. Man probierte jede Richtung, und meist war die letzte auch die richtige. Kamen wir am Abend nach Hause, hingen wir uns erst einmal an den Wasserhahn, und zum Essen brauchten wir keine Sondereinladung.

Ballspiele

Bälle boten eine ganze Auswahl von verschiedenen Spielen. Allein oder mit anderen zusammen. Immer wieder erfanden wir neue Spielarten. Die Regeln machten wir selber. Den Ball mit mehrfachen Körperverrenkungen an die Mauer zu werfen, ohne dass er den Boden berührte, war eine Herausforderung für jedes Kind. Man warf ihn hinter dem Rücken hervor, unter dem Knie durch und sich um die eigene Achse drehend an die Wand. Was liess sich doch alles mit einem Ball anstellen.

In den warmen Jahreszeiten spielten wir an vielen Abenden Völkerball. Die Felder wurden mit weisser Kreide direkt auf die Fahrbahn gezeichnet. Die Knaben bombardierten uns mit scharfen Bällen. Hielt man einen solchen auf, schlug es einem ganz gewaltig auf den Magen. Wurde man getroffen, musste man hinter das Spielfeld. Dort war man vor dem Abschiessen sicher, durfte aber weiterhin auf die anderen zielen. Immer war ich die erste, die aus dem Spiel schied. Einmal einen Ball aufzufangen, wäre für mich das reinste Erfolgserlebnis gewesen. Aber eben, Angsthasen haben es schwer!

Dieses Spiel lockte nicht nur die Kinder. Auch junge Burschen, ja sogar Väter schlossen sich uns an. Durchfahrende Autos: Siehe in einem anderen Kapitel. Natürlich waren diese Erwachsenen unsere beliebtesten Zielscheiben. Doch auch sie schonten uns nicht. Der Völkerball fand auch grossen Anklang während der Schulpausen. Wir machten einfach dort weiter, wo wir in der vorhergehenden Pause stehengeblieben waren.

Velofahren

Kinder mit eigenen Velos waren selten. Dafür gab es einige Väter und sogar Mütter, die ein solches besassen. Benützen aber durfte man es nur nach Feierabend, wenn es nicht mehr gebraucht wurde. Mein Vater kam zeitweise zu den Grosseltern nach Hause zum Mittagessen. Er erlaubte mir dann, das Velo in seiner Mittagszeit zu fahren. Es war gar nicht so leicht. Ich war noch zu klein, um die Pedale vom Sattel aus zu erreichen. Es blieb nur eines, mit einem Bein unter der Stange durch. Leider war dadurch das Gleichgewicht etwas gestört, und man musste schon höllisch aufpassen. Ausser einigen leichten Stürzen (Tramschienen) konnte ich mich jedoch nicht beklagen. Ohne grosse Anstrengung reichte es oftmals bis nach Küsnacht oder später sogar bis Erlenbach. Ich fand es einfach toll, dass man schneller als zu Fuss an sein Ziel gelangte. Nur eines war wichtig, das Velo musste, wenn Vater wieder zur Arbeit fuhr, vor dem Haus stehen. Als ich grösser war, lieh mir meine Mutter ihr Rad, und ich unternahm zusammen mit meinen Schwestern oder Freundinnen Tagesausflüge übers Land oder rund um den Zürichsee. Am Morgen ging es entlang der Hauptstrasse bis nach Rapperswil. Dort überquerten wir den Seedamm, und auf der anderen Seite packten wir dann unser kaltes Mittagessen aus. Nachher lagen wir faul im Gras oder badeten unsere Füsse im See. Zurück fuhren wir dann direkt auf dieser Seite des Sees. Damals wurden wir nur selten von einem Auto überholt, so dass wir meistens nebeneinander fuhren. Auch in der Umgebung von Zürich standen uns genug ruhige Landstrassen zur Verfügung.

Fantasie und Erfindungsgabe

Wir besassen alle nur wenig Spielzeug zu Hause. Aber dieser Umstand entwickelte unsere Erfindungsgabe und Fantasie. Wollten wir uns nicht langweilen, mussten wir uns eben selber Spiele ausdenken. Da es kein Fernsehen gab, kamen auch von dort keine Anregungen. Aus diesem Grund waren wir für neue Ideen immer dankbar. Eine davon waren unsere Seilbahnen. Wir installierten diese quer über die Strasse von einer Wohnung zur anderen. Das nötige Zubehör gab es in jedem Haushalt. Eine Schnur wurde doppelt geführt von einem Haus zum anderen gespannt. Die Schuhschachtel wurde bemalt und mit Fenstern versehen an einer der Schnüre befestigt. Die Seilbahn führte aus dem Wohnungsfenster auf der rechten Seite der Strasse zum Fenster auf der linken Seite. Unterschiede in den Stockwerken waren kein Hindernis. Man brauchte nur noch an der leeren Schnur zu ziehen, und unser Bähnchen überquerte die Strasse. Kleine Spielzeuge, Heftli, Bücher und anderes wurden zu unserem Vergnügen auf diese Weise überbracht. Auch Süssigkeiten, ja sogar halbvolle Ovomaltinebüchsen wechselten so den Besitzer. Schnell einen Löffel voll Ovo in den Mund, und man sandte das Geschenk wieder zurück. Es wurden aber auch Nachrichten übermittelt. Auch Kinder, die gerade Hausarrest hatten, konnten mitspielen. Wochenlang baumelten diese Schnüre von Haus zu Haus, wie Wäscheleinen in Neapel.

Wir telefonierten auch sehr gerne, nur eben nicht so wie heute. Es kostete unsere Eltern keinen Rappen. Durch ein Loch im Boden einer leeren Blechbüchse zog man eine lange Schnur. Am andern Ende dasselbe mit einer anderen Büchse. Und schon war das Ganze gesprächsbereit. Von einer Wohnung zur anderen wurden so Neuigkeiten ausgetauscht. Nur eines war unklar, wurde die Stimme wirklich über die Büchsen verstärkt oder schrie der Teilnehmer so lautstark.

Meine Freunde

Vali und Benjo wohnten direkt im Nebenhaus, und wir steckten viel zusammen. Wir kannten uns schon von klein auf. Ihre Mutter, Frau Gygax, war eine Bündnerin und sprach unter anderem auch den Tessiner Dialekt. So kam sie oft zur Nonna. Unter ihrer rauhen Schale war sie eine überaus warmherzige Frau. Als ich erwachsen war, konnte ich mit ihr über alles sprechen, was mich bedrückte und was ich meinen Grosseltern nicht zu sagen traute. Als meine Nonna starb, hat Frau Gygax ihr den letzten Liebesdienst erwiesen. Später stellte ich ihr meinen zukünftigen Ehemann vor. Sie sah Gérard an, und in Französisch und mit erhobenem Zeigefinger erhielt er folgenden Verweis:

Moni, Romi, mein Jugendfreund Vali und ich (1949).

33

«Ich rate dir nur, dass du mir Lydia gut behandelst, sonst lernst du mich kennen.» Er war ganz verdattert und starrte sie sprachlos an. Noch heute lachen wir manchmal über diese Episode. Allerdings mochte sie ihn sofort und mein Mann sie ebenfalls. Leider starb sie, als ich mit meinem ersten Kind schwanger war.

Doch Vali und Benjo waren so richtige Lausbuben. Von ihnen wurden auch die Streiche ausgeheckt. Die meisten Fensterläden besassen Klappen, die man etwas öffnen konnte. So sassen wir gut versteckt hinter diesen Läden auf der Lauer. Ein Portemonnaie, das an einem Nylonfaden hing, wurde zum Köder. Die Geldtasche lag auf dem Gehsteig, den Faden sah man kaum. Schon kam das erste Opfer seines Weges. Es bückte sich, um das Fundstück aufzuheben. Doch eine Geisterhand liess es vor seinen Augen in die Höhe schweben. Das verdutzte Gesicht entlockte uns natürlich Lachstürme. Einige gingen leise schimpfend weiter, andere taten so, als sei nichts geschehen. Auch Nies- und Juckpulver standen oft im Einsatz.

Eines Tages aber wurde ich selber das Opfer ihrer Schandtaten. Frau Gygax gab ihren Buben oftmals Butterbrote mit Melasse drauf. Bei mir zu Hause gab es das nicht, und dabei war ich ganz versessen darauf. Wieder einmal hatten die beiden Hausarrest. Doch es war ihnen langweilig, und so schauten sie aus dem Fenster. Ich stand etwas verlassen im Hof unten. Ihr Angebot «Willst du etwas Melasse?» konnte ich unmöglich abschlagen. Ein sogenanntes Ölpapier mit dem begehrten Leckerbissen wurde an einem Faden zu mir hinuntergelassen. Sofort schleckte ich voller Freude am Papier. Doch ebenso schnell packte mich eine Stinkwut. Die angebliche Melasse war – Schmierseife. Ich schwor ihnen Rache, aber ob ich diesen Schwur hielt, weiss ich nicht mehr. Ich hätte bei ihnen sowieso den Kürzeren gezogen. Aber auch wenn wir uns einmal zerstritten, dauerte es nie lange.

Heuschreckenplage

Während eines Sommers wurde unser Quartier von einer richtigen Heuschreckenplage heimgesucht. Überall krabbelten sie auf der Strasse, klebten an den Hauswänden. Man konnte bald keinen Schritt mehr tun, ohne dass man auf so ein Insekt trat. Da ich mich allgemein vor Insekten grauste, etwa so wie andere vor Mäusen oder Schlangen, war dies für mich der blanke Horror. Eines Nachmittags lag ich mit einem Buch auf meinem Bett. Mein Blick wurde von einer Bewegung angezogen. Da lag doch ein solcher «Heugümper» auf meiner Decke. Vor Schreck schreiend lief ich aus dem Zimmer. Da die Nonna das Tier nicht fand, brachten mich an diesem Abend keine zehn Pferde in mein Bett. Ich durfte dann in der Stube auf dem Diwan schlafen. Eines Tages war der ganze Spuk vorbei, und ich konnte wieder auf die Strasse.

Wintersport

In jener Zeit gab es noch richtige Winter mit viel Schnee. Tagelang schwebten grosse Schneeflocken zur Erde. Alle Plätze, Strassen und Hausdächer lagen unter einer dicken, weissen Decke. Für uns der Moment, die hölzernen Davoser Schlitten im Keller aus ihrem Sommerschlaf zu wecken. Sie wurden gereinigt, und nach der Schule trafen sich die meisten Kinder aus meiner Umgebung an der Münchhaldenstrasse. Diese Strasse führte vom oberen Quartier in das untere. Sie war ziemlich steil und zudem breit. Die Knaben liebten es gefährlich. Sie legten sich bäuchlings auf den Schlitten und hakten sich mit den Füssen in den hinter ihnen liegenden. Sie bildeten oft Ketten von sechs bis acht Schlitten. Mit Rufen und Gejohle sausten sie, wie die wilde Jagd, die Strasse hinunter. Es gab nur wenige Mädchen, die soviel Wagemut besassen. Die meisten waren vorsichtiger und ängstlicher. Wir fuhren lieber sitzend, um so jederzeit mit den Füssen bremsen zu können. Das Überqueren der Seefeldstrasse war nicht ganz ungefährlich, denn dort verkehrte ja das Tram. Nach der Abfahrt musste man natürlich den Schlitten wieder den Berg hinaufziehen.

Während einigen Tagen sank das Stimmungsbarometer aber auf den Nullpunkt. Sogar die Buben zeigten nicht mehr ihre Kunststücke. Ein schwerer Unfall hatte die Freude getrübt. Ein Knabe aus dem oberen Quartier geriet unter einen Lastwagen. Er hatte nicht mehr bremsen können. Ich selber war nicht dabei, als es geschah. Doch als ich dort ankam, lag noch der flachgedrückte Schlitten am Strassenrand und eine Blutlache im Schnee. In meinem Gedächtnis blieb dieses Bild lange Zeit haften, vor allem abends im Bett. Die Eltern ermahnten uns wieder vermehrt. Doch auch damals waren Kinder eben Kinder, sie verdrängten das Ganze, und bald herrschte auf der Schlittelbahn wieder die gleiche Stimmung wie vor dem Unfall.

Geburtstagseinladungen

Es war weitherum die Gewohnheit, bei Geburtstagsfeiern seine Spielkameraden oder Freunde einzuladen. Da die meisten von uns in Wohnungen lebten, war es normal, dass dabei nicht herumgetobt werden durfte. Denn vor allem Rücksicht auf andere Mitbewohner gehörte zur Grundlage unserer Erziehung. So hatten die ruhigen Gemeinschaftsspiele Vorrang. Wurden wir doch etwas zu übermütig, griffen auch mal die Mütter ein. Das beliebteste Spiel war aber sicher das «Schoggispiel». Würfeln. Hatte man sechs Punkte, erhielt man die Tafel Schokolade. Doch ein Stückchen davon zu essen war ein schwieriges Unterfangen. Erst musste man dicke Handschuhe anziehen. Essen durfte man nur mit Messer und Gabel. Meistens hatte man gerade das Besteck in die

Hand genommen, schon fiel der nächste Sechser und man musste das Ganze weitergeben.

Pfandspiele waren in vielen Familien beliebt, auch bei den Erwachsenen. «Doppelbock» und «Doppelfass» kannte jedes Kind. «Der Vogel fliegt» kostete manchen ein Pfand. Doch der Höhepunkt dieses Spiels war das Pfandauslösen. Da wurde man gezwungen, ganz verrückte Dinge zu tun. Zum Beispiel: sich in der Strasse mitten auf die Fahrbahn stellen und ganz laut ein Lied singen. Dann wieder auf einem Bein um den Häuserblock hüpfen. Keine Angst, auch die Erwachsenen wurden nicht geschont. Natürlich wurde immer kontrolliert, und es gab keine Möglichkeit zu schummeln. Aber immer gab es viel zu lachen. Nachdem die Aufgabe gelöst war, bekam der Eigentümer sein Pfand zurück, und das nächste Opfer kam an die Reihe.

Das Geografiespiel war schon etwas anspruchsvoller. Es erforderte etwas Wissen und eine gewisse Schnelligkeit. Verteilt wurden Punkte, und am Schluss bekam der Sieger einen kleinen Preis. Auch das Mikado-Spiel verlangte viel Fingerspitzengefühl, und dabei wurde auch hin und wieder geschummelt.

Als Abschluss des Spielnachmittags folgten die Gaumenfreuden. Die Mutter stellte einen hausgemachten Gugelhopf oder einen Kuchen mit brennenden Kerzen und Dekorationen vor uns auf den Tisch. Dazu gab es, als Durststiller, Sirup oder Süssmost. Am liebsten mochten wir eine schön dicke Schokoladenglasur auf der Torte, verziert mit Zuckerperlen oder Bonbons.

Die Ausreisserin

Einen Geburtstag aber werde ich nie vergessen. Es war im Januar und ein Wochentag. Auch ich durfte einige Spielkameraden einladen. Damals wohnte Tante Carmen wieder zu Hause mit ihrer vier Jahre alten Tochter Moni. Als ich aus der Schule kam, empfing man mich und meine Freundinnen in grösster Aufregung. Moni war aus der Wohnung verschwunden. Sie war in einem unbewachten Augenblick, ohne Mantel und in Finken, nach aussen entwischt. Anstatt zu spielen wurden wir auf die Suche nach dem Kind geschickt. Die Polizei war bereits alarmiert, und mehrere Nachbarn halfen ebenfalls. Es wurde dunkel, und die Angst wuchs immer mehr. Der See war nicht weit, aber auch die Kälte allein war schon gefährlich. Wir Kinder suchten den oberen Teil des Quartiers ab, befragten Leute, doch immer vergebens. Da meine Nonna herzkrank war und nicht mehr gut laufen konnte, wartete sie zu Hause auf eine Nachricht. Wir wussten nicht mehr wo suchen. Die ganze Familie fand sich wieder in der Wohnung zusammen, da läutete es an der Haustür. Welche Erleichterung, davor stand ein Polizist mit der kleinen Moni im Arm. Die strahlte uns an, als wäre nichts geschehen. Sie war tatsächlich im oberen Teil des Quartiers bis zum Kreuzplatz gekommen. Eine Frau, die ihren Laden abschloss, bemerkte das Kind auf dem Randstein sitzend. Es zitterte vor Kälte, aber weinte nicht. Sie ging mit ihm sofort zur Polizei. Dort gab man Moni etwas Warmes zu trinken und als Trost etwas Süsses. Wir alle waren erleichtert, und wenn ich auch keine Feier gehabt habe, war dies mein schönstes Geschenk.

Frau und Herr Graf

In unserer Strasse wohnte in einer kleinen Parterrewohnung das kinderlose Ehepaar Graf. Herr Graf stellte antike Segelschiffe her. Es war echte Künstlerarbeit. Alles war, bis ins kleinste Detail, von Hand gemacht. Seine Frau half ihm dabei. Sie nähte die Segel, bemalte sie und zog die Schnüre ein. Kleine handgeschnitzte Figürchen und anderes Zubehör wurden ebenfalls bemalt und auf das Oberdeck geklebt. Dieses Ehepaar hatte selbst keine Kinder, freute sich aber jederzeit über unseren Besuch. Wir durften zu ihnen, wann immer wir wollten. Die einzige Bedingung war, dass die Eltern davon wussten und uns nicht suchen mussten. Wir schauten neugierig zu, wie aus einem rohen Holzklotz ein Schiff entstand. Am Mast flatterten stolz die grossen Segel und winzige bunte Wimpel. Bei kleineren Arbeiten durften auch wir hin und wieder Hand anlegen. Die fertigen Schiffe wurden an Restaurants oder Hotels verkauft.

Jedes Mal gab es bei der Familie Graf auch einen feinen Zvieri. Frau Graf lehrte uns basteln und stand uns mit ihren Ratschlägen jederzeit zur Seite. So entstanden fast alle Geschenke zum Muttertag oder sonst einem Fest bei ihnen zu Hause. Sogar Socken für meinen Nonno habe ich bei ihr gestrickt. Sie lehrte uns auch die Geschenke mit viel Liebe zu verpacken und stellte uns das Geschenkpapier zur Verfügung.

Die «Röhre» und das «Loch»

Direkt am See, noch auf dem alten «Landi-Areal», lagen zwei grosse Grundstücke. Eines hatten wir die «Röhre» getauft. Dort lagen nämlich Berge von verschieden grossen Zementröhren. Diese verwandelten sich für uns Kinder in alles Mögliche, je nach Lust und Laune. Einmal waren es Schiffe, und man durfte nicht mehr auf den Boden treten, denn dieser war das Meer, und man wäre ertrunken. Ein andermal dienten sie uns als Höhlen, Schlösser und Verstecke. Brach plötzlich ein Gewitter los, boten sie uns Schutz vor einem starken Regenschauer.

Das andere Gelände gehörte dem Baudepartement der Stadt. Es lag bereits in der Nähe des Bahnhofs Tiefenbrunnen. Dort lagerte so alles, was ein Bubenherz höher schlagen liess. Es gab haufenweise alte Bretter, Fensterrahmen und Backsteine, die von Häuserabbrüchen stammten. Hammer und Zange musste man selber organisieren. Doch aus diesem alten Zeug entstanden zünftige Hütten. Jeder war sein eigener Architekt, Bauführer und Eigentümer. Einige bauten sogar rund um ihr «Haus» einen kleinen Garten mit handgemachtem, etwas wackligem Zaun. Ein von uns selbstverwalteter Robinsonspielplatz entstand, bevor man diesen Ausdruck kannte. Am Abend aber nahmen Angler unseren Platz ein. Da der Zürichsee damals noch fischreich war, brachte auch der grösste Pechvogel noch ein Fischchen zum Essen nach Hause.

Spielplatz Zürichhorn

Als wir etwas älter waren, spielten wir an den schulfreien Tagen vorwiegend im Zürichhorn. Die Parkanlagen waren zwar gepflegt, aber Tafeln mit «Bitte Rasen nicht betreten» gab es noch keine. Es waren auch keine englischen Rasenflächen, sondern richtige Wiesen. Im Frühling, vor allem an Ostern,

Im Zürichhorn durften wir Kinder uns austoben (um 1938).

pflückten wir verschiedene Wiesenblumen, um damit den Tisch zu dekorieren. Grosse Bäume reckten ihre dicken Äste in den Himmel. Für die Buben ein Ansporn, wer wohl am höchsten hinaufklettern konnte. Hautabschürfungen zeugten oft von ihren Kletterkünsten.

Mitten im Zürichhorn stand und steht noch heute ein massiver Steinbrunnen. Sein Rand war sehr breit, und das Wasser floss aus mehreren Röhren in der Mittelsäule. Wie oft stillte er erst einmal unsere durstigen Kehlen, denn das Wasser war wunderbar frisch. Wir konnten rundum auf dem breiten Rand balancieren. Es gab aber auch wahre Wasserschlachten. Die ersten an den Hähnen liessen die Nachfolgenden nicht mehr in die Nähe. Indem sie mit einem Finger die Röhre etwas abdeckten, lenkten sie den Wasserstrahl auf jeden Eroberer. Welch ein Lachen und Gekreische. Am Ende aber waren alle gleich nass. Das war weiter keine Tragödie, sondern angenehm, besonders an heissen Tagen.

Die Mädchen zogen oftmals die weniger wilden Spiele vor. An einigen Stellen im Park standen Rundbänke, die von dichten Sträuchern umgeben waren. Da konnten wir dann nach Herzenslust Mama und Papa, bei uns hiess das «Müetterlis», spielen. Jede Bank war eine Wohnung. Man besuchte sich gegenseitig. Das Mittagessen bestand aus wildem Klee, Gräsern, Beeren und Blümchen. Die Blätter waren die Teller. Es gab eine Mutter, die zu den Kindern schaute und einen Vater, der arbeiten ging. Die Kinder waren immer unartig, und man musste stets mit ihnen schimpfen. Eigentlich spielte jedes Kind das nach, was es zu Hause sah oder erlebte. Für uns aber war es Spiel. Die Knaben belächelten uns und wendeten sich lieber ihrem Fussballspiel auf der Wiese zu.

An heissen Sommerabenden durfte ich hin und wieder mit Frau Gygax, Vali und Benjo im See baden. Allerdings mussten wir nahe dem Ufer bleiben. Das Wasser war sauber, höchstens einmal wurde man von einem verirrten Fischlein gekitzelt. Doch Vorsicht war immer geboten. Nicht weit vom Ufer entfernt fällt das Gelände plötzlich ab, und kann man nicht schwimmen, verliert man den Boden unter den Füssen. Wir liessen auch flache Kieselsteine über das Wasser flitzen. Derjenige, der am meisten Geschick besass, hatte gewonnen.

Die Blatterwiese

Zwischen dem Zürichhorn und der Bellerivestrasse lag die Blatterwiese. Den Schulen diente sie im Sommer als Turnhalle im Freien. Wir hatten vor allem einen Turnlehrer, der uns, wenn wir nicht «artig» waren, im Laufschritt rund um die ganze Wiese hetzte. Und das, bis wir alle Seitenstechen hatten. Da zogen wir dann doch die Staffelläufe und Ballspiele vor.

Gleich angrenzend lag ein grosser, kiesbedeckter Platz mit Kletterstangen und Einrichtungen für Hoch- und Weitsprung. Am Sonntagmorgen trainierten dort Sportler. Doch auch wir hangelten uns oft an den Stangen hoch.

War der Wind nicht zu stürmisch, liessen wir auf der Blatterwiese unsere selbstgebastelten Drachen fliegen. Holzstäbe holten wir vom Schreiner, und das Papier durften wir kaufen. Die Hauptsache aber war der lange Schwanz aus Schnur mit Papiermaschen. War der Drachen sorgfältig gebaut, flog er ruhig. Im anderen Falle wankte er wie ein Betrunkener und stürzte auch meist prompt ab.

War es windstill, trafen sich Erwachsene und Kinder auf dieser Wiese zum Badminton-Spiel. Die leichten Federbälle flogen durch die Luft, und man musste aufpassen, dass sie den Boden nicht berührten. Meisterschaften gab es keine, nur die reine Freude am Spiel. Kam Wind auf, war es aus mit dem Vergnügen, und wir mussten abbrechen.

Unser eigenes Eisfeld im Quartier

An sehr kalten Wintertagen wurde der Kiesplatz unter Wasser gesetzt. Dieses gefror in der Nacht. Am darauffolgenden Tag besass unser Quartier ein Eisfeld. Eintritt wurde keiner verlangt. Nach der Schule holten wir unsere Schlittschuhe, meistens «Örgeli», die an den Winterschuhen befestigt wurden. Ich selber bekam einmal Stiefel, die Nonna für fünf Franken kaufen konnte. Das Leder war zwar zerkratzt, aber das tat meiner Freude keinen Abbruch. Das Eis war sehr holperig. Wir Mädchen wollten es den Eisstars nachmachen und versuchten, ohne Fehler eine Acht zu fahren oder Pirouetten zu drehen. Die Knaben spielten mit viel Lärm Eishockey. Die Ausrüstung bestand aus einem Spazierstock und einem etwas flachen Stein. Natürlich spielten wir auch «Fangis». Da es um 17 Uhr bereits dunkel war, spendeten uns die Strassenlaternen das nötige Licht. Hie und da trauten sich auch Erwachsene aufs Eis. Das Tolle aber war, dass dieses Eisfeld in Wohnnähe lag.

Die grosse Eisbahn der Stadt Zürich befand sich im Dolder. Dorthin durfte man als Kleine nur mit der Schulklasse oder in Begleitung Erwachsener. Vom Tram aus führte eine Strasse durch den dichten Wald bis zum Dolder. Als wir etwas älter waren, durften wir an einem Mittwochnachmittag schon einmal zum Schlittschuhlaufen dorthin. Aber nie ging am Abend, wenn es dunkelte, eines allein nach Hause. Die dunklen Tannen auf beiden Seiten flössten uns Angst ein. In unserer Fantasie sahen wir oftmals Gespenster. Um uns Mut zu machen, sangen wir in höchster Lautstärke oder riefen wiederholt: «Achtung, meine Schlittschuhe sind frisch geschliffen.»

Wurde es wieder etwas wärmer, zerfloss unser Eisfeld im Quartier. Das Eis wurde brüchig, und überall tappte man immer wieder in eine Wasserlache. Nochmals einige kleine Versuche, doch die glatte Fläche brach fortwährend. Schweren Herzens versorgten wir unsere Schlittschuhe und hofften auf den nächsten Frost. Als der Zürichsee selber einmal zum grossen Eisfeld wurde, wohnte ich bereits im Wallis.

Das Bächli

Von der Erlöserkirche bis hinunter zum Tramdepot fliesst der Nebelbach. Ein Naturweg direkt daneben begleitet ihn auf seinem Lauf. Bei uns Kindern hiess dieser Weg das «Bächli». Der Bach floss zwischen Mauern. Kein Zaun trennte den Weg vom Wasser. Wir konnten also ohne Hemmungen unsere Füsse im kühlen Nass baden. Etwas unterhalb der Kirche stand früher ein altes Haus mit dem Namen «Öltrotte». Auch entlang des Weges gab es einen grossen umzäunten Park, in dem eine Villa stand. Hinter dem hohen Eisenzaun standen altehrwürdige Buchen-, Ahorn-, Rosskastanien- und Eichenbäume. Aus Eicheln und Rosskastanien liess sich vieles basteln. Waren aber die Bucheckern reif, sammelten wir diese mit grossem Eifer. Einige Zeit brauchte es schon, um einen Papiersack nur schon halb zu füllen. Da die Schale hart und nicht essbar ist, mussten sie zuerst geschält werden. Zu Hause röstete man die Kerne in Öl oder Butter. Für uns war dies ein Leckerbissen. Da besonders mir diese Kerne mundeten, überliess man mir eines Tages den ganzen Sack. Alles ass ich allein, bis ich nicht mehr konnte. Doch von da an durfte man in meiner Gegenwart lange Zeit das Wort «Buechenüssli» nicht mehr aussprechen.

Die Zinnen oder Dachterrassen

Auf fast allen Hausdächern thronen Zinnen. Jedes Haus besitzt seine eigene und ist durch ein Mäuerchen von der nächsten getrennt. Vom Treppenhaus aus führt eine enge und steile Stiege auf diese Terrasse. Das Schiebedach war immer geschlossen, denn bei Regenwetter konnte sonst das Wasser ins Treppenhaus fliessen. Der ganze Boden der Zinne war mit Zinkblech bedeckt. Dieses wurde von Schwellen gehalten, welche in regelmässigen Abständen befestigt waren. Die Hitze im Hochsommer war da oben unerträglich.

Als Kinder gingen wir, trotz Verbot, immer wieder auf die Zinnen. Wie Diebe schlichen wir uns das Treppenhaus hinauf. Das schwere Schiebedach wurde zwar nur mit viel Mühe von uns gemeistert. Waren wir endlich oben, stiegen wir über die Mauern und konnten auf unserer Strassenseite von einem Haus zum andern gelangen. Wir bestaunten die kleinen Menschlein unten in den Strassen. Tauben umflatterten uns, und ihr Gurren klang uns in den Ohren.

Wir benützten die Zinne aber auch zum Sonnenbaden oder um die nassen Haare zu trocknen. Allerdings nur, wenn es nicht allzu heiss war. Im Hochsommer war es ein wahrer Backofen. Den einzigen Schatten spendeten die Kamine. Auf dem Blech sitzend oder liegend hielt man es nur mit einer dicken Decke aus.

Am Abend des 1. August sah man überall auf den Zinnen ganze Familien. Wir liessen die weiss oder rot sprühenden bengalischen Zündhölzchen kreisen. Lampions mit weissem Kreuz auf rotem Grund sowie gelbe Halbmonde hingen an Schnüren und dienten der Beleuchtung. Von unserer Zinne aus sah man über den Zürichsee bis nach Wollishofen. So konnten wir die aufsteigenden Raketen in ihrer Pracht bewundern. Gegenüber brannten die Augustfeuer auf dem Üetliberg und auf dem Albis. Hin und wieder hörten wir Bruchstücke der Melodien, die von der Musikkapelle im Zürichhorn gespielt wurden. Einige Hausbewohner brachten Tische und Stühle mit aufs Dach, feierten mit Essen, Trinken, und auch mal unter den Klängen einer Handharmonika, ihr eigenes Nationalfest.

Der Waschtag

Eigentlich waren diese Zinnen zum Wäschetrocknen bestimmt. Die Seile musste jeder selber spannen. Etwas aber war bei der Planung schief gegangen. Die Waschküchen befanden sich alle im Keller. Zum Aufhängen musste man die schweren Körbe voll nasser Wäsche das ganze Treppenhaus hinauf tragen. Plastik war damals ein unbekanntes Material. Daher besassen diese Zainen auch leer bereits ihr Eigengewicht. Das schwierigste Stück aber erwartete einen zuoberst, wenn es galt, sich die enge steile Stiege hinaufzuwinden. Ja, für die Hausfrauen war es eine harte Arbeit.

Daher fand die Grosswäsche in fast allen Familien nur einmal im Monat statt. Am Vorabend wurden die schmutzigen Wäschestücke erst einmal in Lauge eingeweicht. Um 5 Uhr war Tagwacht. Der Wasserkessel musste tüchtig mit Holz eingeheizt werden, um das viele Wasser zum Kochen zu bringen. Dann wurde der Kessel mit der Kochwäsche gefüllt und zugedeckt. In der Zwischenzeit wusch man den Rest von Hand. Auf einem Waschbrett wurde jedes einzelne Stück mit Kernseife behandelt und dann kräftig auf dem Brett gerieben und geklopft. Mit einer dicken Holzstange fischte man die Kochwäsche aus dem siedendheissen Wasser und spülte alles mehrere Male in den vorhandenen Trögen. Eine mit Wasser angetriebene Schleuder sorgte dafür, dass die Wäsche nicht mehr tropfte. Im Sommer trocknete man sie auf der Zinne. Doch auch im Winter musste man Treppen steigen, denn der Trockenraum war im Estrich oben.

Der Waschtag war für mich etwas Besonderes. An diesem Tag gab es kein selbstgekochtes Mittagessen, sondern ich durfte in der Bäckerei für jeden eine Gemüse- oder Fruchtwähe holen. Hatte ich schulfrei, musste ich meist ein klein wenig mithelfen. Ich bediente am liebsten die Schleudermaschine. Beim Aufhängen reichte ich die Klammern. Als es der Nonna zu streng wurde, erledigte meine Tante die Wäsche. Doch mit ihr war es sehr lustig. Wir sangen gemeinsam und in voller Lautstärke ein ganzes Repertoire von bekannten Liedern durch. Die Akustik war einmalig. Sie lehrte mich Lumpen- und Volkslieder, aber auch Westernsongs. Das mit den «Blauen Bergen» wurde sogar unser Waschküchenlied. Beim Singen vergass man die Mühe, und die Arbeit ging einem leichter von der Hand.

Unsere Wohnung im ersten Stock des Hauses Säntisstrasse 11. Am Fenster Klein Lydia zwischen Vater und Tante Carmen (1940).

43

Unsere Wohnung

Wir wohnten in einem vierstöckigen Miethaus. Unsere Wohnung lag im ersten Stock und besass vier grosse Zimmer und eine ebenso grosse Küche. Keine Einbaukästen in Reih und Glied. Nur ein oftmals überladenes Küchenbuffet. In der Mitte standen ein langer Holztisch und Tabourets zum Sitzen. Über dem Schüttstein aus Stein war in der Wand ein Gestell angebracht. An diesem hingen mehrere verschieden grosse Kupferpfannen. Diese waren keine Dekoration, sondern sie wurden zum Kochen benutzt. Vor Weihnachten und anfangs Sommer nahm sie Nonna ab und brachte sie mit Sigolin wieder auf Hochglanz. Auf der anderen Seite stand der alte Gasherd. Im Winter hielten wir uns meist in der Küche auf. In einem grossen eisernen Holzherd brannte von morgens bis abends ein lustiges Feuer. Er wurde in aller Frühe geheizt. Nonna kochte viele Mahlzeiten auf diesem Herd. Vor allem an ihre Polenta, die sie in einem hohen Kupferkessel zubereitete, denke ich mit Wehmut. Wir assen sie mit Kaninchenbraten (frisch von meinem Vater geliefert). Als Dessert formten wir rund um ein Stücklein Gorgonzola eine feste Kugel. Diese legten wir ins Fach im Holzofen. Die Polenta war krustig und der Käse innen geschmolzen. Es war genau wie im Tessin, nur dass sie dort über einem offenen Feuer gekocht wurde. Im Wasserschiff stand immer heisses Wasser zur Verfügung. Kam ich im Winter durchfroren nach Hause, wartete ein süssduftender gebratener Apfel im Ofentürchen auf mich.

Vom Ofen führte ein Rohr ins Kamin. Eines Tages, im Sommer, hörten wir komische Geräusche, wie Wehklagen. Da ich viele Gespenstergeschichten gehört hatte, war mein erster Gedanke: «Oh, ein Geist!» Doch als es nicht aufhören wollte, drehte der Nonno das Rohr heraus. Zu unserem Erstaunen fiel eine rabenschwarze Taube auf den Boden. Sie war noch etwas benebelt und flatterte nur noch leicht mit den Flügeln. Vermutlich war sie in den Kamin gefallen und konnte sich von selbst nicht mehr befreien. Als wir sie gewaschen hatten, erholte sie sich schnell, und wir entliessen sie wieder in die Freiheit.

Die Nonna kochte einen grossen Teil der Mahlzeiten auf dem Holzfeuer. Doch es gab noch eine andere Variante zum Sparkochen. Frau Gygax kochte ihr Essen während des Krieges in einer gut ausgepolsterten Kochkiste. Heute lacht man vielleicht darüber. Doch damals musste man sparen, und so schränkte man den Verbrauch von Gas ein. Das Gemüse oder Fleisch wurde in einer grossen Pfanne angebraten. Dann stellte man den gut verschlossenen Topf in diese Kiste und schloss den Deckel. Dort kochte es dann weiter, allerdings mit viel längerer Garzeit, also musste man das Essen früh aufsetzen. Im damaligen Kochbuch der Haushaltungsschule wird dieses Verfahren ausführlich erklärt.

Ausser in der Küche stand nur noch in der Stube ein Holzofen. Die Schlafzimmer waren im Winter alle eiskalt. Bettflaschen aus Metall wärmten uns aber jeweilen das Bett. Am Morgen wurde einem die Aussicht aus dem Fenster von fantastischen Eisblumen verwehrt. Die ganzen Scheiben waren damit überzogen. Das Aufstehen verlangte grosse Überwindung, und das Waschen war eine kalte Angelegenheit trotz Heisswasser. Doch wir kannten es nicht anders und waren daran gewöhnt.

Wir waren sogar glückliche Besitzer eines richtigen Badezimmers. Das war nicht bei allen der Fall. Es gab zwar nur eine alte Badewanne auf Füssen und ein WC. Ein mit Gas geheizter Boiler spendete uns heisses Wasser. WC-Papier stellte man selber her. Die gelesene Zeitung, in Vierecke geschnitten, hing an einem rudimentären Eisenbügel neben der Sitzgelegenheit. Dauerte das Geschäft etwas länger, las man die letzten Nachrichten noch einmal. Von der Druckerschwärze hat nie jemand einen Ausschlag bekommen. Die Toilette diente mir aber auch als Entschuldigung, wenn ich abtrocknen oder sonst etwas helfen sollte. Da nutzte alles Rufen nichts, ich musste halt. Bei der Familie Gygax stand die Badewanne in der Küche. Bei Nichtgebrauch lag ein dickes Brett darauf. Eine Abstellfläche war immer willkommen. Wurde sie aber benützt, musste man erst einmal alles abräumen.

Im Winter gab es gegen die Kälte Doppelfenster. Schon im Herbst wurden diese aus dem Keller oder vom Estrich geholt. Sie wurden aussen vor dem normalen Fenster eingehängt. Dazwischen legte man dicke lange Stoffkissen. Die Eisblumen aber blühten trotzdem. Allerdings konnte man im Winter die Holzläden nicht mehr schliessen.

Verdunklung im Krieg

Während der Kriegszeit, bis 1944, herrschte die Verdunklungsvorschrift. Alle Fenster mussten so verhängt werden, dass kein Licht durchschimmern konnte. Somit konnten feindliche Flieger nicht erkennen, ob sie über eine Stadt oder ein Dorf flogen. Bei uns besass jedes Fenster sein Rollo aus dickem schwarzem Papier. Am Abend wurde es überall wie eine Store heruntergelassen. Ebenso brannten draussen keine Strassenlaternen, und es war überall stockdunkel. Nur eine Taschenlampe zündete den späten Heimkehrern auf dem Weg. Meine Tante erzählte mir, sie sei einmal in einer solchen Nacht unterwegs gewesen. Da hörte sie hinter sich Schritte. Stand sie still, verstummten auch diese. Doch plötzlich hatte die Person sie eingeholt. Wie erleichtert war sie aber, als sie sah, dass es ein Polizist war. Dieser war auf einem Kontrollgang. Er anerbot ihr dann, sie bis zur Haustüre zu begleiten.

Wohnungsputzete

In den Schlafzimmern waren die Böden aus Linoleum. Die Stube sowie das Treppenhaus bestanden aus einem dunklen Holzboden und Holzstiegen. Jede Woche wurden diese mit Stahlspänen bearbeitet. Dies immer schön in Richtung Holz-masern, um Kratzer zu vermeiden. Nach dem Wischen wurde der Boden, auf den Knien rutschend, mit Bohnerwachs eingerieben. Im Treppenhaus wurde jede einzelne Stiege genauso behandelt, ebenso die Linoleumböden. Das Ganze brach-te man dann mit dem schweren Blocher (nicht von der Ems AG) zum Glänzen. Wieder duftete die ganze Wohnung überall nach frischem Bohnerwachs.

Als ich grösser war, musste auch ich mithelfen. Mit meiner Tante aber gab es oftmals Unstimmigkeiten. Wir sollten es zusammen tun, aber meist waren wir uns nicht ganz einig über den richtigen Moment. Im Hause musste jeder Mit-bewohner nur seine Treppe und seinen Absatz reinigen. Aber der erste Stock war immer am schmutzigsten. Auch das hölzerne Geländer musste immer sauber sein. Es gab natürlich in vielen Häusern auch Steintreppen, die pflegeleichter waren. Bei uns gab es ein paar solcher Stiegen im Parterre, dafür war der Flur viel grösser.

Im tiefen Keller

Das, wovor ich mich am meisten fürchtete, war der Gang in den Keller. Die Treppe war steil und die Beleuchtung im Gang unten schlecht. Über-all sah ich Schattengestalten in den dunklen Ecken lauern. Ich versuchte die Angst mit lautem Gesang zu vertreiben. Im Keller wurden Äpfel und Kartoffeln in Harassen gelagert. Auf den Gestellen standen Glasbehälter mit Konfitüren und eingemachten Früchten und Gemüsen. In unserem Keller wurde auch Wein gelagert. Nonno liess diesen in einer grossen Korbflasche direkt aus dem Tessin kommen. Dann füllte er ihn selber in Flaschen ab. Neben den Esswaren war das Holz gestapelt. Dieses wurde im Sommer eingekauft, und Nonno spaltete es im Hofe in handliche Scheite, die in den Ofen passten. Daneben stand der grosse Trog mit den Briketts und der Eierkohle. Dauernd musste man im Keller etwas holen.

Einkaufen

Dass wir in der Nähe des Stadtkerns wohnten, sah man vor allem an den vie-len Läden entlang der Seefeldstrasse. Nicht nur Nahrungsmittelgeschäfte gab es da, sondern auch Papeterien, Haushalts-, Kleider-, Blumen- und verschie-dene andere Läden.

Das tägliche Brot

Schon allein in unserer näheren Umgebung gab es fünf Bäckereien. Die Kon-kurrenz war zwar gross, doch alle hatten ihr Auskommen. Die Bäckerei Mei-

*Der Quartierladen an der Fröhlichstrasse 38, mit Reklamen aus der «guten alten Zeit»
(um 1940).*

ster lag an unserer Strasse. Dort kauften wir unser Brot. Von der Strasse aus sah
man direkt in die Backstube hinunter. Wir schauten dem Bäcker gerne zu, vor
allem wenn er mit ruhiger Hand die schönsten Zeichnungen auf Torten spritz-
te. Und erst der herrliche Duft, wenn Brot gebacken wurde. Hie und da bekamen wir auch etwas zerbrochenes Gebäck, welches nicht verkauft werden
konnte. In jener Zeit waren Süssigkeiten für uns Kinder um so begehrlicher,
da nichts Alltägliches.

Während der Kriegsjahre gab es nur Schwarzbrot zu kaufen. Am Sonntag
aber erhielt man auch weisse Brötchen. Als der Krieg zu Ende gegangen war,
musste ich an einem Wochentag wieder Brot einkaufen. Zu meiner Verwun-
derung fragte mich die Bäckersfrau: «Willst du ein Kilo weisses Brot?» Es war
doch nicht Sonntag, und weisses Kilobrot hatte es noch nie gegeben. Darauf
wurde mir erklärt, es werde nun jeden Tag weisses Kilo- oder Pfundbrot
gebacken. Aufgeregt lief ich nach Hause, und zu meiner Freude durfte ich ein
solches kaufen. Heute muss ich gestehen, dass ich schwarzes Brot bei weitem
bevorzuge.

Die Bäckerei Birri war weiterum berühmt für ihre Torten, ihre Patisserie,
ihre hausgemachte Schokolade und ihre Pralinen. Vor allem am Sonntag
bedienten meistens drei bis vier Verkäuferinnen. Frau Birri half immer tat-
kräftig mit. Für sie war jeder Kunde wichtig, und immer fand sie Zeit für ein
paar private Worte. An Ostern stellte Herr Birri delikat gefüllte Biskuit-

hasen in verschiedenen Grössen her. Diese fanden immer einen reissenden Absatz. Doch auch feuerrote Zuckerhasen leuchteten im Schaufenster. An gewissen Sonntagen gab es bei uns als Dessert auch mal Patisserie oder Trockenstückli. Die Cremestücke kosteten ja nur 25 Rappen und die anderen 15 Rappen. Der Unterschied zu heute: Sie waren billiger, dafür um so grösser.

Direkt vis-à-vis von Birri lag die Bäckerei Pfister. Auch diese stellte ihre eigenen Spezialitäten her. In unserem Hof gab es eine ganz kleine Bäckerei, die nur Brot, Keks, Kuchen und Gebäck herstellte. Nur dort konnte man auch ungesäuertes Brot kaufen. An der Wildbachstrasse befand sich die Schulbäckerei. Am Morgen kauften wir dort, sofern wir etwas Geld bekamen, unseren Znüni. Dieser bestand aus einem Püürli für 10 Rappen und hin und wieder einem Schoggistengeli zum selben Preis. Taschengeld war für uns Kinder damals ein Fremdwort.

Die frische Milch

Der Milchladen war ebenfalls ein wichtiger Laden. Verkauft wurden, mit wenigen Ausnahmen, nur Milch sowie Käse und Butter. Jeden Morgen wurden die meisten Anwohner schon in aller Herrgottsfrühe geweckt. Die frische Milch wurde in grossen Blechkannen gebracht und die leeren abgeholt. Der Lärm dieser Behälter war nicht zu vermeiden. Aber die Leute in der Umgebung waren es gewöhnt, genau wie das Glockengeläute der Kirchen. Die Milch wurde offen verkauft. Frau Rapold schöpfte sie mit einem Messbecher direkt aus der Kanne in den mitgebrachten Milchkessel aus Aluminium. Als Kinder machten wir uns auf dem Heimweg ein Vergnügen, den Milchkessel mit ausgestrecktem Arm rundum zu schwingen. Das musste rapide geschehen, damit nichts herausspritzte. Die kuhfrische Milch wurde zu Hause erst einmal abgekocht, die pasteurisierte war noch unbekannt. Was ich aber hasste, war die Haut auf der Milch. Noch heute schaudert es mich, wenn ich die sehe. Im Winter goss die Nonna auch mal vor dem Abkochen die Milch in eine breite Schüssel und liess sie über Nacht stehen. Am Morgen schöpfte sie dann ganz sorgfältig die Rahmschicht ab. Sie war so dick, dass man sie sogar schlagen konnte.

Der Milchmann lieferte auf Wunsch auch direkt ins Haus. Am Abend stellte man den Kessel und das Milchbüchlein, in dem die Bestellungen eingeschrieben waren, auf die unterste Stiege des Treppenhauses. Für das Frühstück konnte man dann die bestellten Sachen hereinholen. Einmal im Monat bezahlte man das Ganze direkt im Laden. Nie habe ich gehört, dass irgend jemandem etwas gestohlen wurde. Und das, obwohl in jener Zeit nur wenige Haustüren abgeschlossen wurden.

Weitere Läden

Gleich neben der Milchhandlung war die Metzgerei. Das Fleisch war damals noch teuer, und wir konnten uns dies nicht alle Tage leisten. Viele Haushalte ersetzten Schnitzel oder Braten durch billigere Stücke. Auch die Poulets waren damals ein Luxus, und ein solches gab es nur an Sonntagen. Da mein Vater Hühner hielt, bekamen meine Grosseltern diese frisch, sie mussten nur noch gerupft und ausgenommen werden. Auch Kaninchen brachte mein Vater hin und wieder mit.

Schuhmacher gehörten damals zum alltäglichen Leben. Bevor man neue Schuhe kaufte, wurden die alten mehrmals repariert. Die Schuhmacherläden waren meist sehr eng. Der Meister stellte seinen Arbeitstisch ins Schaufenster, um das Tageslicht auszunützen. Er selber sass auf einem kleinen Drehstuhl ohne Lehne. So erreichte er jedes Werkzeug, ohne dass er aufstehen musste. Im Geschäft duftete es nach Leder und penetrant nach Leim und anderen undefinierbaren Gerüchen. Der Schuhmacher in unserer Strasse schien seine Arbeit zu lieben. Immer war er lustig, winkte uns Kindern zu und pfiff die meiste Zeit bei seiner Arbeit.

Der Tabakwarenladen

Im Tabakwarenladen gab es ausser Zigaretten, Zigarren und Tabak auch Zeitungen, Papeterieartikel und Zeitschriften zu kaufen. Allerdings sah man noch keine Abbildungen von nackten Brüsten oder mehr auf den Titelblättern. Die meisten Haushalte bekamen die Tageszeitung geliefert. Eine ältere Frau mit einem grossen Korbwagen verteilte diese am Morgen früh in die Briefkästen. Viele Familien, auch wir, hatten ein Abonnement fürs «Gelbe Heftli» samt einem Versicherungsabschluss. Jede Woche erschien das Heft, und jeder in unserer Familie las es ausführlich.

Der Laden wurde von einer alleinstehenden Frau geführt. Über Mangel an Kundschaft konnte sie nicht klagen, denn gerade die Zigaretten und Zigarren fanden in jener Zeit guten Absatz. Geraucht wurde eigentlich mehr oder weniger in jeder Familie. Auch bei mir zu Hause qualmten der Nonno und meine Tante. Probleme aber hatte ich nie damit.

Wolle in allen Farben

Im Wollgeschäft waren die Gestelle voll mit Strangen in allen Farben. Da die Wolle etwas teuer war, bekamen wir Kinder nur Garn zum Stricken. Die Strangen musste man erst einmal zu Knäueln aufwinden. Bei dieser Arbeit mussten meist wir Kleinen unsere Arme hinhalten. Doch auch zwei Stühle, welche Lehne gegen Lehne aufgestellt wurden, eigneten sich dazu. Um mir das Stricken schmackhaft zu machen, schenkte mir Tante Carmen hin und wieder einen «Wunderknäuel». Im Innern des aufgewickelten Garns wurde ein kleines Geschenk versteckt. Dieses war erst zugänglich, nachdem alles abgestrickt war. Im Wolladen konnte man aber auch Ratschläge holen. Verstand man ein Muster nicht oder gab es Schwierigkeiten beim Stricken, stand die Inhaberin mit Rat und Tat zur Seite. Unbegabten half sie auch beim Zusammennähen von Kleidungsstücken. Meine Tante und ich strickten Pullover und Jacken immer selber, wir hatten Freude daran. Ich konnte dies schon vor der Schule, allerdings hatte ich zuerst die italienische Art gelernt und musste dann im Handarbeitsunterricht von vorne beginnen.

Bücher

In Zürich gab es nur die Zentralbibliothek in der Stadt. Die Taschenbücher gab es noch nicht, und die anderen waren teuer. Doch an unserer Strassenecke gab es einen Buchladen. Die Inhaberin verlieh gebrauchte Bücher zu einem niedrigen Preis. Leider war für uns Kinder nichts dabei. Doch gab es in der Schule eine bescheidene Bibliothek, und unter Leseratten herrschte ein reger Austausch.

Ich las gerne und viel. Zwischen Schule und Spiel gab es immer genug Zeit, die Nase in ein Buch zu stecken. Natürlich durfte ich nicht einfach alles lesen, was mir in die Hände fiel. Eines Tages begann ich ein Buch zu lesen, das den Titel «Dr. Eisenbart» trug. Ich steckte noch in den ersten Seiten, da kam meine Tante dazu. Sofort nahm sie es mir weg und versteckte es so gut, dass ich es auch später nie mehr fand. Es sei nichts für mich, hiess die Begründung. Noch heute weiss ich nicht, was meine Tante nicht für Kinderlektüre hielt. Im Stubenkasten stand ein grosses Buch über Medizin. Oftmals habe ich dieses heimlich herausgenommen und die Bilder angesehen. Verstanden habe ich aber nicht sehr viel, dafür war ich wohl noch zu klein. Es war mehr das Verbotene der Sache, das mich reizte.

Zu Weihnachten oder zum Geburtstag bekam ich jedes Mal ein neues Buch. Für mich war das immer das schönste Geschenk. Jedes einzelne war für mich etwas Wertvolles. Wie viele Mädchen haben wohl in jener Zeit «Heidi», «Theresli», «Die Turnachkinder im Winter oder im Sommer», «Die rote Zora und ihre Bande», «Das doppelte Lottchen» sowie die anderen Romane von Erich Kästner gelesen. Ich liebte Märchen. Einmal lieh mir Antoinette ein grosses Buch, das 365 Märchen enthielt, für jeden Tag des Jahres eines. Ich habe nicht so lange dafür gebraucht, ich verschlang es. Die Buben interessierten sich eher für Cowboys und Indianer, und viele haben bestimmt Karl May gelesen. Es gab aber auch Abenteuerromane, die für Spannung sorgten. Weit verbreitet waren die SJW-Heftli, die es in jeder Klasse zu kaufen gab. Sie kosteten nur einen Batzen. Und somit durfte ich meist zwei bis drei aus der Liste auswählen und bestellen. Die Auswahl der Themen war riesengross, so dass für jeden Geschmack etwas dabei war. Dann gab es noch die Globibücher und die Mickey-Mouse-Heftli. Comics mit Batman und anderen Fantasiefiguren waren unbekannt.

Gut zu Fuss

An der Ecke Seefeld-/Fröhlichstrasse befand sich ein Schuhladen. Damals besass fast jedes Kind immer ein Paar Sonntagsschuhe und eines für die Woche. Im Sommer aber gingen viele barfuss. Was habe ich geträumt von schwarzen Lackschuhen. Später habe ich mir dann diesen Wunsch erfüllt, indem ich meinen Kindern solche kaufte. Ich bekam für den Sonntag nur immer weisse Sandaletten oder braune Schuhe. Im Sommer trug ich eigentlich nur Zoccoli. Diese kamen aus dem Tessin, und ihre Holzsohle war vorne und hinten im Keil geschnitten. Ich lief damit so sicher wie die Kinder im Tessin. Auch meine Nonna trug nur solche zu Hause.

Kleider und Mode

Im Quartier gab es einige Kleiderläden. Allerdings war eine eigentliche Kindermode damals unbekannt. Die Röcke wurden meist, nach Schnittmustern aus dem Heftli, von den Müttern selbst genäht. Die Knaben trugen, bis sie erwachsen waren, kurze Hosen oder Knickerbocker. Bei Regenwetter schützte uns eine Lodenpelerine mit Kapuze. Da musste es schon stark giessen, damit die Nässe durchdrang. Lange Hosen bei Mädchen waren noch kein Gesprächsthema. Es gab nur Rock oder Jupe. Ausser zum Sonntagskleid trug man immer eine Schürze über den Kleidern, dies auch noch in der Sekundarschule. Meine Grosseltern kauften mir fast nie fertige Röcke. In unserer Strasse wohnte eine sehr gute Schneiderin. Sie war taubstumm und arbeitete bei sich zu Hause. Aber auch meine Tante konnte gut schneidern, und später nähte sie mir und ihren Töchtern alles selbst. Meist bekam ich den Stoff als Weihnachtsgeschenk. Doch hin und wieder durfte ich ihn auch selber aussuchen.

Die Apotheke

Die Apotheke Meyer stand direkt an der Tramhaltestelle. In dieser Apotheke wurden damals viele vom Arzt ausgestellte Rezepte selbst hergestellt. Diese Arznei konnte man aber erst ein bis zwei Tage später abholen. In den Regalen standen braune, geheimnisvolle Flaschen. Die Etiketten trugen lateinische Namen in einer kunstvoll verschnörkelten Schrift. Viele kleine Holzschubladen waren gefüllt mit verschiedenen Kräuterteesorten. Eine Standwaage stand jedem Kunden gratis zur Verfügung. Die Apothekerinnen bedienten die Kunden in strengen, weissen Schürzen. Mich erinnerten sie immer an Ärzte. Bei uns gab es kaum Pillen. War ich krank, musste ich schwitzen, Kamillentee trinken und gekochte Brotsuppe essen. Das letztere brachte mich immer schnell auf die Beine, denn ich konnte sie nicht ausstehen. Bei Verdauungsstörungen musste ich etwas ganz Besonderes trinken. Nonna kochte starken Kaffee. In die Tasse gab sie dann Zitronensaft und Natronpulver. Schäumend musste dieses Gebräu getrunken werden, und es half sogar. Zum Arzt ging man nur, wenn es wirklich notwendig war.

Da ich als Kleinkind unter einer Darmkrankheit litt, musste Nonna mit mir regelmässig zu Frau Dr. Müller. Jedesmal verpasste sie mir einen «Fingerpips» um das Blut zu untersuchen. Ich machte jedes Mal ein Affentheater, und die Ärztin konnte ich deswegen überhaupt nicht leiden. Später wurde ein Tessiner an der Seefeldstrasse unser Hausarzt. Bei dem gab es jedesmal nach der Behandlung ein Bonbon.

Die Apotheke Meyer an der Tramhaltestelle Fröhlichstrasse (1947).

Das Lebensmittelgeschäft

Da nur wenige Familien einen Kühlschrank besassen, musste man wohl oder übel jeden Tag einkaufen gehen. Daher war das Lebensmittelgeschäft in unserer Strasse, vor allem am Morgen, voll weiblicher Kundschaft. Die Inhaberin war Frau Erni. Sie bediente im Laden, und ihre zwei Söhne arbeiteten im dazugehörigen Holz- und Kohlegeschäft. Die Holzbündel und die schweren Kohlensäcke wurden von ihnen nach Hause geliefert. Direkt von der Strasse aus schütteten sie die vollen Jutesäcke durch ein Fenster in den Keller hinunter. Für den Transport benutzten sie einen kleinen, offenen Lastwagen. Dieser war andauernd schwarz vom Kohlenstaub. Doch auch die beiden Herren glichen bei ihrer Arbeit Kaminfegern: schwarzes Gesicht und weisse Augapfel. Sie hatten immer viel zu tun, denn in den wenigsten Wohnungen gab es Öl- oder sogar Zentralheizung.

Selbstbedienung war noch unbekannt. Im Laden stand freistehend der Verkaufstisch mit seiner handbetriebenen Kasse. Die Gesamtsumme wurde eingetippt, die Kurbel gedreht, und die Schublade mit dem Geld öffnete sich klingelnd. Die Preise wurden auf einem Notizzettel zusammengerechnet. Es gab auch Familien, die aufschreiben liessen und jeweilen am Ende des Monats bezahlten. Den Wänden entlang stand Regal neben Regal bis unter die Decke des Ladens. Die Auswahl war gross. Von Teigwaren, Reis bis zu Gemüse in Büchsen konnte man alles kaufen. Hinter dem Schaufenster und draussen der Wand entlang breiteten sich Harasse und Körbe mit Obst, Kartoffeln und frischem Gemüse aus. In einem grossen Korb lagen frische Eier. Ich liebte es besonders, diese roh zu trinken, was man damals ohne weiteres tun durfte. Waschpulver und Putzmittel standen ebenfalls zur Auswahl. Allerdings nicht in so grossen Mengen wie heute. Die meistbekannten waren Persil und Steinfels. Jeder Haushalt besass seinen Würfel Kernseife. Süssmost wurde offen im Fass verkauft und war als Getränk bei Tisch bei vielen sehr begehrt. Da er alkoholfrei war, durften auch die Kinder davon trinken. Er wurde jeweilen in Krüge abgefüllt, welche man von zu Hause mitbrachte.

Man ging aber nicht nur wegen des Einkaufs in den Laden. Dieser war zugleich der tägliche Treffpunkt der Hausfrauen. Über die Theke hinweg wurden die neuesten Nachrichten ausgetauscht. Das nannte man nicht Klatsch, sondern Information. Warten musste man ja auf jeden Fall, bis man an die Reihe kam. Doch man hatte immer etwas Zeit und genoss die Unterhaltung. Die einzigen Ausnahmen waren Hausfrauen, die kurz vor zwölf erschienen. Regelmässige Frage: «Was soll ich denn heute kochen, mein Mann kommt jeden Augenblick zum Mittagessen?» Schnellgerichte oder Tiefgefrorenes gab es zwar nicht, aber Büchsenware. Und Teigwaren waren ebenfalls rasch zubereitet.

Als Kind wollte ich nur eines, nämlich Verkäuferin werden. Wie es im Leben so geht, lernte ich später schliesslich einen anderen Beruf. Frau Erni erlaubte mir aber, ihr hin und wieder im Laden zu helfen. Mit Stolz wog ich das Gemüse oder die Kartoffeln ab und füllte sie in Papiersäcke. Ich suchte die Waren aus den Regalen und stellte immer wieder die Frage: «Ist das alles, oder darf es noch was sein?» Am Nachmittag, wenn nur vereinzelte Kunden kamen, liess mich Frau Erni sogar manches Mal allein schalten und walten.

Die Himbeerbonbons

Auf dem Verkaufstisch standen neben der Kasse grosse Glasbehälter mit Bonbons. Kamen Mütter mit ihren Kleinkindern, bekam jedes ein solches. Vor Schulreisen durfte ich mir eine Papiertüte voller praller Himbeerbonbons, Zitronen- und Orangenschnitze kaufen. Ass man nicht alle, brachte man am Abend eine einzige klebrige Masse nach Hause. Das kam selten vor.

In den fünfziger Jahren etablierten sich die ersten Selbstbedienungsläden im Quartier. Diese verkauften auch Milchprodukte und Brot, so dass man alles in einem einzigen Laden fand. Das Neue zog viele Leute an, und die kleinen Läden verloren damit einen Teil ihrer Kundschaft. Heute werden in Ernis Laden Fernseher und Radios verkauft. Aus anderen Läden wurden Kleiderboutiquen und Videogeschäfte.

Die Rationierung

Während des Krieges musste man nicht nur mit dem Geld haushalten, sondern auch mit den zur Verfügung stehenden Rationierungsmarken. Jeder Familie wurde nur eine bestimmte Anzahl zugeteilt. Alles war rationiert, sogar die Textilien, Schuhe und andere Gebrauchsgegenstände. Die Karten holte man einmal im Monat in einem Büro an der Dufourstrasse. Als ich grösser war, oblag dieses Ämtchen mir. Das war langweilig, denn jedes Mal stand eine lange Menschenschlange vor dem Schalter. Man brauchte also viel Geduld.

Restaurants

Restaurants gab es an jeder Ecke und auch dazwischen. Es waren noch richtige gemütliche Stammbeizen, in denen der Wirt seine Kunden persönlich kannte. Allerdings waren sie eher den Männern vorbehalten. Was eine anständige Frau war, ging nicht allein ins Restaurant. Einzelne Herren gönnten sich dort, nach Feierabend, ein Gläschen oder auch zwei. Doch gab es auch solche, die Schwierigkeiten mit dem Heimweg hatten und erst einmal ihren grossen Durst löschen mussten. Drinnen ging es sehr laut zu, und der Rauch bildete

Der «Schlüssel» an der Seefeldstrasse – eines von vielen Restaurants im Quartier (1947).

einen dicken Nebel. Der Umgangston war meistens eher rauh. Abends war der Stammtisch fast immer gut besetzt. Geredet wurde da über alles mögliche und auch Politik gemacht.

An den Samstagabenden kamen die Männer mit ihren Ehefrauen. Es gab Musik, und zwischen den Tischen und Stühlen wurde ausgiebig getanzt. An Fasnacht und Silvester wurden die Räume entsprechend dekoriert. Am Abend herrschte jeweilen eine Bombenstimmung, denn die Leute kannten sich untereinander. An der Fasnacht wurden auch Wettbewerbe durchgeführt. Die originellste Maske bekam eine Gratisrunde. Oft wusste man nicht, war die Frau ein Mann oder umgekehrt. Wenn die Stimmung gut war, und das war sie fast immer, verlängerte der Wirt die Polizeistunde bis in die späte Nacht und sogar bis zum Morgen.

Jassen, unser Nationalsport

Aber auf jeden Fall war eines Trumpf in jedem Beizlein, nämlich das Karten-spielen. Einige besassen sogar ihren eigenen Jassklub. Einmal im Jahr fand eine Meisterschaft statt. Den Gewinnern winkten immer tolle Preise wie zum Beispiel ein ganzes Kaffeeservice. Da meine Tante eine gute Jasserin war, trat sie einem solchen Klub bei. Sie gewann als Frau manchen schönen Preis.

Im Restaurant bei der Haltestelle Fröhlichstrasse gründete der Wirt einen Reiseklub. Jedes Jahr organisierte er einen Tagesausflug mit dem Car. Das Ziel war hauptsächlich der Alpenraum. So eine Pässefahrt war für die Zürcher ein Erlebnis. Raus aus dem Flachland in die klare Luft der Berge mit ihren Glet-schern und wild schäumenden Bächen.

Restaurants aus der Sonnenstube

Zwei Restaurants, das Gregori und das Riviera, der Name sagt's schon, gehör-ten Tessiner Familien. Die Räume waren natürlich dementsprechend südlän-disch dekoriert, und die Stammgäste waren grösstenteils ebenfalls aus dem Tessin oder aus Italien. Gegenüber unserem Haus stand das «Riviera». An der Decke hingen künstliche Trauben, und die Wände waren mit Weinlaub über-zogen. Auf den Regalen standen die bemalten Boccalinos. Die Stuhlsitze waren aus Stroh mit hohen Lehnen und die Tische rustikal. Man bestellte Nostrano oder Merlot, und serviert wurden auf Wunsch Spezialitäten aus der Sonnenstube der Schweiz.

Eisbarren für den Kühlschrank

Von starken Brauereipferden gezogen, hielt ein- oder zweimal in der Woche ein Wagen der Brauerei vor dem Restaurant. Nachdem die Bremse angezogen war, bekamen erst einmal die Pferde ihren Hafersack um den Hals. Dann wur-den die Bierfässer abgeladen und die leeren wieder aufgeladen. Vom Wagen bis zum Eingang wurden sie gerollt, da ihr Gewicht beachtlich war. Dann waren die grossen Eisbarren an der Reihe. Die Männer luden sich diese auf eine ihrer Schultern. Um sich vor der Kälte zu schützen, wurde das Eis in Jute-säcke gewickelt. Im Lokal wurden sie dann in Kästen gelegt, in denen man die Getränke lagerte. Sie waren damals genau so kalt wie diejenigen aus den heu-tigen Frigos.

Wir Kinder lauerten, bis die Männer im Restaurant verschwanden. Dann gingen wir hinten an den Wagen. Wir bedienten uns reichlich mit den abge-brochenen Eisstückchen. Diese lutschten wir anstelle von Glacestengeln. War es sehr heiss, musste man sich beeilen, sonst blieben nur nasse Hände übrig.

Eines Tages bat ich um ein grösseres Stück Eis. Zu Hause zerkleinerte ich es, vermischte es mit Meersalz (damit es weniger rasch schmelzen konnte) und füllte es in eine hohe Pfanne. Ich stellte eine Vanillecreme her und füllte diese in einen Milchkessel. Diesen stellte ich mitten ins Eis und deckte das Ganze zu. Nach einigen Stunden war die Creme gefroren und meine Glace war essbereit. Leider schmeckte sie, aus einem mir unbekannten Grund, penetrant nach – Lebertran.

Tea-Rooms

Den Frauen standen einige Tea-Rooms zur Verfügung. Eines trug den sinnigen Namen «Heimelig». Die Cafés waren an den Abenden meist Treffpunkt der damaligen Jugend. Es gab Orangina, Limonade, Tee und Kaffee, aber keinen Alkohol. Eine Tasse Milchkaffee hiess damals Schale Gold und kostete nur 50 Rappen. Das Glas Milch 40 Rappen. Der erste Fernsehapparat wurde im Tea-Room Mischabel aufgestellt. Zettel im Briefkasten machten auf diese Sensation aufmerksam. Am ersten Abend drängten sich die Leute in Scharen in das Café. Ich durfte mit Nelly und ihrer Mutter ebenfalls dorthin. Auf dem Programm stand ein Dokumentarfilm über die Arbeit des Roten Kreuzes. Im Lokal war es mucksmäuschenstill, und alle starrten gebannt auf diesen Kasten, in dem sich die Bilder bewegten. Sicher dachten schon einige daran, einen Fernseher zu kaufen, aber sie waren noch sehr teuer. So wurden sie meist nur in Restaurants aufgestellt, um Kundschaft anzulocken.

Im Sommer erhöhte sich der allgemeine Umsatz durch das Angebot von Eisbechern. Diese Coupes waren gross und bunt und mit viel Schlagrahm verziert. Wir Kinder konnten leider von diesen nur träumen. Doch als Jugendliche hielten wir uns nicht mehr zurück und holten das Versäumte nach. Als Kind war meine Vorstellung von Erwachsensein immer die, dass ich ohne Begleitung ins Tea-Room gehen kann. Meine Schüchternheit aber bremste oftmals meinen Wunsch, und ich ging nur mit Freundinnen oder Freunden zusammen.

Cinéma

Das Seefeld-Kino war das einzige in unserem Quartier. Gross war es nicht. Trotzdem wurden nicht nur billige Filme gezeigt, sondern auch grosse, berühmte aus Hollywood. Draussen hingen Bilder mit Ausschnitten und dienten als Vorschau. Ins Kino durfte man erst mit 18 Jahren, ausser in Kinderfilme oder solche für Jugendliche. Als ich das richtige Alter hatte, wollte ich mit zwei jüngeren Freundinnen in einen Film. Sie waren beide erst 17 Jahre alt. Leider durfte ich, trotz meiner 18 Jahre, nicht hinein. Dafür waren die beiden anderen drin. Die Frau an der Kasse glaubte mir mein Alter nicht, und

Ausweis hatte ich keinen dabei. Das war oftmals mein Fluch, dass mein Gesicht in jenem Alter einfach zu kindlich war. Brutalo- und Erotikfilme liefen noch in keinem Kino. Spannung gab es aber trotzdem, nämlich in den Wildwest-, Monumentalfilmen und Krimis. Für Kinder standen, im Kino Bellevue, Zeichentrickfilme von Walt Disney auf dem Programm, vor allem in der Adventszeit. Ich habe einige Male meine beiden Cousinen Moni und Romi in solche Märchen begleitet und freute mich ebenso daran.

Fip-Fop-Klub

Einmal im Jahr durften die Kinder am Mittwochnachmittag, dies in der ganzen Schweiz, gratis ins Kino. Allerdings nur diejenigen, die dem Fip-Fop-Klub angehörten. Die Schokoladefabriken Nestlé, Peter, Cailler und Kohler hatten damals keine Gelegenheit, durch das Fernsehen mit Werbung an die Kinder zu gelangen. Dafür konnte man vom NPCK Bücher kommen lassen. Die farbigen Bildchen aber, die man dann in diese Bücher kleben musste, erhielt man nur mit gesammelten Punkten. Diese lagen den Produkten dieser Firmen bei. Es gab solche mit Märchen- und Tiergeschichten und vieles mehr. Aber auch solche mit einfachen Bastelideen. Deren Bilder waren dann jeweilen eine grosse Hilfe. Zwei dieser Bücher besitze ich noch heute, und mein Enkelkind zeigt schon grosse Freude daran.

Doch NPCK kam noch auf eine andere Idee. Sie rief den Fip-Fop-Klub ins Leben. Verlangt wurde ein bescheidener Jahresbeitrag. Dafür bekam man eine Zeitung, einen Filmnachmittag und ein Abzeichen mit den Figuren Fip und Fop (ein Mädchen und ein Bub). Dieser Filmnachmittag fand für unser Quartier im Seefeld-Kino statt. Lange bevor die Türen geöffnet wurden, standen wir Kinder voller Ungeduld davor. Liess man uns endlich hinein, wurde drinnen um die besten Plätze gerangelt und gedrängt. Das Programm bestand hauptsächlich aus Stummfilmen mit Buster Keaton, Charlie Chaplin und vielen anderen. Da wir nicht verwöhnt waren, konnten wir über die Spässe dieser Komiker von Herzen lachen. Es gab aber auch Trauriges, vor allem in denjenigen mit Charlie Chaplin. Noch heute sehe ich mir gerne seine Filme an, und ich kann nur sagen: er war unübertrefflich.

Grosser Höhepunkt war, als ich als 14jährige mit meiner Tante zweimal in die Abendvorstellung durfte. Erlaubt war es zwar nicht, doch das Fräulein an der Kasse drückte ein Auge zu. Allerdings durften wir erst nach dem Erlöschen der Lichter in den Saal. Der erste war «Die roten Schuhe». Ich war stark beeindruckt, aber vor allem gefielen mir die Ballettszenen. Ich vergass diesen Film niemals, für mich war es ein Erlebnis. Später sah ich ihn als Jugendliche. Da begriff ich, von der Geschichte selbst hatte ich damals überhaupt nichts verstanden. Nur der Ablauf der Bilder hatte mich beeindruckt. Vor allem der traurige Schluss, wo sich die Hauptdarstellerin vor einen Zug wirft und stirbt, war mir damals nicht klar geworden. Der zweite Film war «Der Glöckner von Notre-Dame» mit Charles Laughton. Dieses Werk hatte mich vor allem geängstigt, und ich sah mehrere Abende vor dem Einschlafen die Gestalt des Glöckners vor mir.

Chilbizeit

Auf der anderen Strassenseite des Eingangs zum Zürichhorn lag eine verwahrloste Wiese. Im Frühling strahlte sie in gelber Farbe, Löwenzahnblumen überall. Wir flochten daraus Kränze und brachten Sträusslein nach Hause. War die Blütezeit beendet, traten die Flaumkugeln an Stelle der Blumen. Bei Wind oder mit unserer Puste schaukelten Tausende von kleinen Fallschirmen durch die Luft und fielen behutsam auf die Erde.

Einmal im Jahr fand die Chilbi (Lunapark) auf dieser Wiese statt. Sobald die Schule aus war, standen wir Kinder schon dort und sahen den Arbeitern zu, wie sie die verschiedenen Karussells und Stände aufstellten. Wir freuten uns schon im voraus auf das Vergnügen. War der Aufbau abgeschlossen, wurde die ganze Herrlichkeit tagsüber erst mal unter weissen Tüchern versteckt. Auch in den Buden lagen die Süssigkeiten hinter einem heruntergelassenen Segeltuch.

Musik und Lichter

Doch am Abend erwachte die Wiese zum Leben. Schon von weitem hörte man ein Gemisch von Tönen. Jedes Karussell spielte seine eigene Melodie. Einige dieser Karussells besassen reich bemalte und verzierte Drehorgeln mit ihrem ganz besonderen Klang. Immer wieder ertönte dazwischen das Gebimmel der Glocken, die das Ende einer Fahrt ankündeten. Im allgemeinen Durcheinander ertönte laut die Stimme eines Ansagers: «Hereinspaziert, meine Damen und Herren, hier zeigen wir Ihnen die grösste Weltsensation.» Einmal war es die Frau ohne Kopf, ein andermal die Frau mit Bart oder sogar eine garantiert echte Seejungfrau. Der stärkste Mann der Welt, dem keine Fesseln, selbst aus Eisen, widerstanden oder auch ein Feuerschlucker. Alles konnte man mit wenig Geld im Innern bewundern.

Ringsum ein Meer von Lichtern. Die Spiegelaufsätze an den Karussells liessen die Lämpchen der verschiedenen Lichterketten in allen Farben aufleuchten. Die Stände lockten mit ihren Köstlichkeiten alle Schleckmäuler an, genau wie der Speck die Mäuse.

Die kleineren Kinder standen in Begleitung von Erwachsenen um das Karussell mit Autos, Motorrädern, Feuerwehrwagen oder auch nur einfachen Velos. Auf anderen drehten sich Kutschen im Rokostil und hölzerne Pferde, die leicht schaukelten. Stolz und manchmal auch ängstlich blickten die kleinen Kinder auf die Leute rundum. War die Fahrt zu Ende, protestierten viele lautstark. Doch gab es auch solche, die froh waren, wenn alles vorbei war. Sie drehten ihre Runden schluchzend und stürzten sich am Ende schutzsuchend in die Arme ihrer Eltern.

Schifflischaukel und andere Vergnügen

Als wir dann grösser waren, interessierten uns die Kinderkarussells natürlich nicht mehr. Mit Wehmut dachte ich zwar, dass es auf diesen langsam drehenden Karussells doch schön war, aber meinen Freundinnen sagte ich dies nie. Mit ihnen wendete ich mich entschlossen, als «Grosse», den Sesseli und der Schifflischaukel zu. Wir bekamen von zu Hause natürlich schon etwas Geld für die Chilbi. Da es aber nicht viel war, musste man sich das Ganze einteilen, um so viel als möglich auszukosten. Sesseli oder Schifflischaukel? Auf den Sesseli gab es mehr Spass. Mit einem tüchtigen Ruck stiess man den neben- oder davorsitzenden Nachbar auf die Seite hinaus. Das war für die meisten wie fliegen, wir fühlten uns frei und ungebunden. Jede Fahrt war leider immer zu kurz.

Andere Kinder bevorzugten die Schifflischaukel. Wir bestaunten mit offenem Mund junge Männer, die mit der Spitze in kurzer Zeit jedesmal das Stoffdach berührten. Wurden sie zu waghalsig, hob der Inhaber den hölzernen Bremsklotz. Wir selber waren schon glücklich, wenn wir zu zweit auf die halbe Höhe kamen, denn es brauchte einige Kraft dazu. Hatte man endlich den nötigen Schwung, bimmelte bereits die Glocke und kündigte das Ende des Vergnügens an. Der Bursche, der den Hebel bediente, kannte keine Gnade. Wir versuchten zwar noch mit vereinten Kräften einige Hin und Her herauszuschinden, aber die Bremse war stärker.

Für die Teenager war die Scooterbahn der grösste Anziehungspunkt. Da durfte man ohne Gefahr selber ein Auto steuern. Damals konnten wir Jugendlichen nur von einem Auto träumen. Den Führerschein mit 18 Jahren – ausgeschlossen. Wenn schon Wünsche für später, dann höchstens eine Vespa oder Lambretta. Mit den Scooterautos durfte man aber nicht nur fahren, das Vergnügen bestand vorwiegend darin, in die anderen zu prallen. Die Darinsitzenden wurden dann ordentlich durchgeschüttelt. Die Knaben nutzten dies weidlich aus, vor allem zielten sie auf die von Mädchen besetzten Wagen. Leider wurde die Scooterbahn in unserem Quartier nicht bei jeder Chilbi aufgestellt. Sie brauchte einfach zu viel Platz. Doch gab es dann als Ausgleich die «Schneeberge» und andere nervenkitzelnde Karussells.

Angst in der Geisterbahn

Wer das Gruseln lernen wollte, ging damals in die Geisterbahn. Mit gemischten Gefühlen bestieg man das Wägelchen, jedoch immer mit einigen anderen

Kameraden zusammen. Schon beim Einfahren in den dunklen Tunnel spürte man ein Kribbeln im Bauch. Drinnen aber war die Hölle los, mit dem Geschrei vermischten sich die Hu-Rufe der grünlich beleuchteten Geister, Skelette traten plötzlich ins Licht, da lachte teuflisch eine Dämonenfratze, und vor dem Wägelchen baumelte eine schwarze Riesenspinne und kitzelte uns im Gesicht. Wir kreischten und schrien schlimmer als eine Horde Affen. War die Fahrt zu Ende, verflogen all die Schrecken im Nu. Wir schworen, dass wir beim nächsten Mal ganz ruhig und kühl bleiben wollten. Es war doch alles nur künstlich und nicht real. Doch kaum sassen wir erneut im Wagen und tauchten in die Dunkelheit, vergassen wir die guten Vorsätze. Wir hatten eben noch nie Horrorfilme gesehen.

Natürlich lachen heute viele Jugendliche über unsere naive Angst. Viele von ihnen brauchen schon gefährlichere Sachen, um das Fürchten zu lernen. Allerdings setzten wir bei der Geisterbahn unser Leben nicht aufs Spiel.

Schleckstengel, Ballons und vieles andere

Nach all den Aufregungen lockten die bunten Stände. Sie waren beladen mit vielen Süssigkeiten. Da gab es Schleckstangen in allen Formen und Farben, gebrannte Mandeln, Magenbrot, «Tiirggel», gestreifte Messmocken, Quittenwürstchen und türkischen Honig. Letzterer war etwas ganz Besonderes. Er stand als grosser rosa-beiger Klumpen oben auf der Theke. Mit einer Spachtel hobelte die Verkäuferin das klebrige Zeug, in recht grosser Menge, in ein unten zugedrehtes Stück Ölpapier. Es schmeckte süsser als Zucker, klebte an den Fingern, und wir bekamen nie genug davon. Auch die erste Zuckerwatte wurde angeboten, allerdings nur in Weiss.

Ich selber hatte eine grosse Schwäche für Magenbrot. Es wurde auch in Bäckereien verkauft. Einmal aber gelüstete es mich so stark, dass ich zu Hause 20 Rappen entwendete. Für dieses Geld bekam ich eine Tüte voll dieser Spezialität. Natürlich durfte ich mich mit diesem Segen zu Hause nicht sehen lassen. So ass ich in einem Versteck alles alleine auf. Als ich nach Hause kam, war mir speiübel. Zudem hatte ich ein schlechtes Gewissen. Aber ich kam nie mehr in Versuchung, denn vom Magenbrot hatte ich während vieler Jahre mehr als genug.

Für kleinere Kinder wurden an den Ständen auch Luftballons und Windrädchen verkauft. Die letzteren waren aus Zelluloid und wiesen mehrere Farben auf, welche sich beim Drehen vermischten. Die Luftballons hatten leider die unangenehme Angewohnheit, sich loszureissen und im blauen oder grauen Himmel zu verschwinden. Weinend oder zornig schreiend sahen ihnen die Opfer nach. Es gab aber auch glückliche Besitzer, deren Ballon keine Fluchtgedanken aufwies. In der Wohnung flog er dann aber zur Decke hoch. Doch gross war die Enttäuschung am anderen Morgen. Das arme Gummiding lag mit vielen Falten und nur noch halb so gross am Fussboden, denn in der Nacht war ihm die Luft ausgegangen. Die Windräder waren zwar an der Chilbi schöner und stabiler, aber aus dem Einband eines alten Schulhefts selber hergestellte waren bedeutend billiger. Sie hatten nur einen Nachteil, sie drehten sich nicht so elegant.

Die Schiessbude und der Supertreffer

War das ganze Geld weg, sahen wir gerne den Schützen an den Schiessbuden zu. Damit man eine mit Glitzerzeug überzogene Rose gewinnen konnte, musste man ein weisses Röhrchen, in dem die Trophäe stand, zertrümmern. Das eine oder andere Mal bekamen wir von einem solchen «Glückspilz» die Blume geschenkt. Sie schmückte dann «geschmackvoll» einige Zeit unser Mädchenzimmer. Die Anspruchsvolleren zielten auf Scheiben und versuchten ins Schwarze zu treffen. Sass der Schuss, bekamen sie als Preis eine Blumenvase, eine Porzellanfigur oder einen Teddybären. Als junges Mädchen gab ich einmal dem Drängen meiner Freundinnen nach. Ich versuchte es selbst einmal. Es war das erste und letzte Mal. Ich sah die Inhaberin nur noch einen Sprung zur Seite tun, und dann ergoss sich eine Schimpftirade über mein Haupt. Dabei hatte ich doch genau auf das Röhrchen gezielt. Preis gab es für diesen Tellenschuss keinen.

Der Wanderzirkus

Ebenfalls einmal im Jahr stellte ein Wanderzirkus auf der Wiese seine Wagen auf. Da bereits vorher an allen Litfasssäulen und Schaufenstern Plakate sein Kommen ankündigten, wussten wir das Datum schon lange im voraus. Mich zog diese Welt immer an wie ein Magnet. Solange dieser Zirkus im Quartier gastierte, hatten viele von uns keine Zeit zum Spielen. Unsere Eltern wussten auch immer, wo wir zu finden waren.

Es waren immer Familienunternehmen. Sie besassen noch einfache Wohnwagen aus Holz. Auf allen prangte seitlich in grosser Schrift der Name. Auch Zelte oder mit Sägespänen bedeckte Manegen gab es keine. Die ganze Schau fand auf einer unter freiem Himmel stehenden, rohen Bretterbühne statt. An Tieren besassen sie höchstens Affen oder abgerichtete Hunde. Aber ihr Programm war trotzdem professionell und das Geld wert. Wie oft beneideten wir die Kinder dieser Leute. Wir dachten damals, die müssten nie in die Schule und könnten dauernd in der Schweiz herumreisen. Für uns war dies der Inbegriff der grossen Freiheit. Am Abend standen sie dann in glitzernden Kostümen auf der Bühne. Die Leute spendeten ihnen Applaus und bewunderten sie.

Mit meiner Freundin zusammen kamen wir aber einmal, wir waren schon etwas älter, mit einer Frau, die der Truppe angehörte, ins Gespräch. Wir wurden sogar in ihren Wohnwagen eingeladen. Dieser Besuch raubte uns die meisten Illusionen. Wir erfuhren von ihr, wie hart ihr Leben wirklich war. Es gab Tage, an denen kein Geld in der Kasse klingelte, zum Beispiel bei Regenwetter. Die Artisten, die in grossen Höhen ihre Kunst zeigten, schwebten täglich in Todesgefahr. Hatten sie Glück, geschah ihnen nichts oder sie endeten «höchstens» in einem Rollstuhl. Da sie keine Netze oder Sicherheitsleinen verwendeten, wurden sie bei Versicherungen nicht akzeptiert. Das Leben einer ganzen Familie in diesen engen Wohnwagen ohne Komfort war ebenfalls kein Zuckerschlecken. Bei schönem Wetter wurden denn auch die Hausarbeiten im Freien draussen verrichtet. Da wurde gekocht, gewaschen und gebügelt. Ihre Kinder mussten schon sehr früh mithelfen. Und wir erfuhren vor allem, dass die Kinder dieser Familien ebenfalls zur Schule mussten. Doch neben dieser hiess es alle Tage stundenlang üben und nochmals üben. Schon von ganz klein auf standen sie auf der Bühne. Doch trotz all dem, die Leute waren zufrieden mit ihrem Leben und wollten es nicht anders. Auch der Zirkus Arena gastierte einige Male auf dieser Wiese. Heute ist der Name Gasser in Zirkuskreisen ein Begriff.

Bei der Ankunft musste erst einmal das Ganze aufgebaut werden. Das hiess schwere Arbeit, an der sich die ganze Familie beteiligte. Auf drei Seiten der Bühne wurden ganz vorne eiserne Klappstühle und hinten einfache Holzbänke aufgestellt. Abgeschlossen wurde das Ganze mit einem mehr oder weniger durchlässigen Zaun aus einfachem Jutestoff. Nebenan standen die vielen Wohnwagen der Artisten.

Die Abendvorstellung

Am Abend begannen sich die Stühle und Bänke zu füllen. Die Leute kamen damals zahlreich (kein Fernsehen). Auch wir Kinder durften meistens die Vorstellung besuchen. Das Programm begann, sobald genügend Publikum anwesend war. Man geriet schnell in den Bann der Darbietungen und vergass alles ringsherum. Die Bodenakrobatik blieb meist den kleineren Kindern der Truppe vorbehalten. Wir lachten über die Kunststücke der dressierten Tiere. Am liebsten hätten wir ein solches mit nach Hause genommen. Wir staunten über den Jongleur und seine herumwirbelnden Bälle und Ringe. Wir hielten den Atem an, wenn eine Artistin, auf einem grossen Ball stehend, diesen auf einem schmalen Brett aufwärts rollte. Der Höhepunkt waren für uns Kinder die Clowns. Wir bekamen oft Bauchschmerzen vor lauter Lachen.

Das Ende aber wurde immer von einer Sensation gekrönt. Totenstille herrschte unter den Zuschauern. Mit offenem Mund sahen wir in die Höhe. Dort drehten sich Artisten auf einer in der Mitte befestigten Leiter. Immer schneller und schneller, meist zu den Klängen des Säbeltanzes von Khatchaturian. Andere wiederum zeigten ihre Künste hoch oben am Trapez oder in einer Mondsichel.

Doch ein Zirkus zeigte eine besondere Attraktion, nämlich die biegsame Stange. Viele Meter hoch ragte sie in den Himmel. Von Scheinwerfern angestrahlt, stand der Artist auf einer winzigen Plattform. Erst mal brachte er die Stange ins Schwanken. Unter gedämpftem Trommelwirbel führte er Akrobatik vor. Rutschte er etwas ab, ging ein einziger Schrei durchs Publikum. Schon vom Zusehen allein wurde es einem schwindlig.

Die sparfreudigen Zaungäste

Zu unserem Glück deckte die Juteabsperrung nicht alles ab. An vielen Stellen gaben Risse den Durchblick frei. Zu Hause bekam man nur für eine einzige Vorstellung Geld. Doch dies genügte uns nicht immer. So versuchten wir das Geschehen noch ein zweites Mal von aussen zu erleben. Natürlich gab es auch erwachsene Zaungäste, die nichts zahlen wollten. Aber einfach war es nicht, denn man wurde immer wieder gestört. Ein Angehöriger der Truppe spazierte dauernd mit einem Kässeli draussen herum. Sahen wir ihn kommen, wechselten wir schnell auf die andere Seite hinüber. Dass für den Zirkus das Eintrittsgeld lebenswichtig war, wurde uns damals noch nicht bewusst. Als Teenager schwärmten wir auch mal von einem der jungen Akrobaten. Da mussten wir ja jeden Abend hin, um ihn zu sehen. Jede behauptete dann nachträglich, sein Lächeln habe nur ihr allein gegolten, die anderen habe er doch gar nicht angesehen.

Der Tag der Abreise kam für uns immer zu schnell. Tage später wurde alles wieder abgebaut und auch unsere «grosse Liebe» verschwand zusammen mit dem Zirkus. Das Einzige, was übrig blieb, waren zertretenes Gras und verstreute Papierfetzen. Die Wiese wurde gereinigt und wieder den Vögeln und Insekten überlassen.

Die Schule

Auf meinen ersten Schultag freute ich mich bereits seit Weihnachten. Der nach Leder duftende Schultornister lag als Geschenk unter dem Christbaum. Zum Schulanfang war er nicht mehr ganz neu, so oft hatte ich ihn ausprobiert. Nach den Osterferien kam dann der grosse Tag. Aufgeregt, aber auch ängstlich, begleitet von meiner Tante, strebte ich dem Seefeld-Schulhaus zu. Die Lehrerin begrüsste uns und teilte jedem Kind einen Platz in den Bänken zu. Wir bekamen jedes ein Blatt mit merkwürdigen Zeichen, das waren also Buchstaben! In der nächsten Zeit wurden es immer mehr. Die ersten Leseversuche gipfelten in den Sätzen «Anna lauf» und «Lisa komm» und anderen aufschlussreichen Angaben. Lesen war schon schwer, aber erst das Schreiben! Jedes Kind bekam ein Heft. Auf der obersten Linie stand als erstes ein von der

Im Schulhaus Seefeld plagten mich oft auch kleine Sorgen (1953).

Lehrerin geschriebenes, wundervoll aufrecht stehendes A. Warum nur standen denn alle meine A schief? Warum rutschten ihre Beine immer unter die Linie oder schwebten darüber? Mit heraushängender Zunge versuchte ich es weiter und war sehr stolz, wenn ich es endlich schaffte.

Keine Freude am Rechnen

Für mich war das Schwierigste das Rechnen. Das ganze war eine richtige Knacknuss, und ich habe mich mit dieser bis zum Schulende herumgeschlagen. Am Anfang konnte man ja noch die zehn Finger benützen, dann aber wurde es schwierig. Unsere grauen Zellen wurden noch nicht durch Taschenrechner ersetzt. In den ersten Klassen hing in unserem Schulzimmer vorn ein schwarzes Plakat von der Decke. Darauf standen gemischt viele weisse Zahlen. Mit einem Stock deutete die Lehrerin auf eine einzelne, dann auf die nächste und so weiter. Wir mussten dann jeweilen entweder addieren oder subtrahieren, später auch multiplizieren. Ich verlor fast immer den Faden nach der zweiten oder dritten Zahl. Als Strafe musste ich dann in die Ecke. Da stand ich

65

dann und starrte auf die Wand. Vor die Türe geschickt zu werden gefiel mir zwar ebensowenig, doch dort war es weniger langweilig. Doch mit viel Anstrengung schaffte ich schlussendlich sogar das schwierige Einmaleins.

Kleider und Frisuren für Schulkinder

Wir Mädchen trugen das ganze Jahr Röcke und die Buben knielange Hosen. Da die Beine nicht geschützt waren, trugen wir alle im Winter dicke, handgestrickte Wollstrümpfe. Diese wurden mit einem Gummiband am Mieder befestigt. Das Schlimmste aber war, dass sie kratzten. Man trug hohe Schuhe und im Sommer Sandaletten, Zoccoli oder überhaupt keine Schuhe. Im Kindergarten waren Finken vorgeschrieben, die meisten trugen die damals bekannten Tigerfinken. Bei mir zu Hause brach jeden Frühling derselbe Krieg aus. Es ging um die Kniestrümpfe. Nonna fand immer, es sei noch zu kühl, und ich fand immer, ich sei wieder die einzige mit langen Strümpfen. Denn was die Wahl der Kleider betraf, hatten wir kein Mitspracherecht. Man zog das an, was die Mutter bestimmte. Doch es gab auch Lieblingskleider in unserer bescheidenen Garderobe.

Auch mit den Frisuren war es dasselbe. Die Haare wurden zu langen Zöpfen geflochten oder kurz geschnitten. Nur einige hatten Naturlocken. Aber immer zierte eine grosse weisse oder farbige Seidenmasche die Zöpfe oder die kurzen Haare. An hohen Festtagen drehte man mir Zapfenlocken mit der Brennschere. Diese wurde über der Gasflamme erhitzt. Passte man nicht richtig auf, konnte es schon mal geschehen, dass einige Haare versengt wurden. Ich bin oft erstaunt, dass Klassenfotos aus dieser Zeit, egal woher, sich meist zum Verwechseln ähnlich sehen.

Der Luftschutzkeller in der Schule

Während meiner ersten zwei Schuljahre tobte vor unseren Grenzen noch der Zweite Weltkrieg. Bei Fliegeralarm mussten wir umgehend in den Zivilschutzkeller. Für uns war das eher eine willkommene Unterbrechung der Schulstunde denn Grund zu Panik. Wir waren noch zu klein, um das Schreckliche zu begreifen. Die Lehrerin erzählte uns zwar von den Menschen im Krieg. Maulten wir, weil unser Znünibrot hart war, erklärte sie uns, dass es Kinder gebe, die glücklich wären, überhaupt ein Stückchen Brot zu haben. Aber wie soll man einem Kind zu verstehen geben, was Hunger ist, wenn es dies nie selber erlebt hat. Ich kam zwar nicht aus einer reichen Familie, und auch meine Grosseltern mussten sparen. Aber ich durfte immer mit vollem Magen ins Bett.

Wir verstanden auch nicht, wieso Bomben die Häuser total zerstörten und die Menschen töteten. Vom Sterben wussten wir nur das eine, man kommt in den Himmel. Wie viele von uns hatten schon je einen toten Menschen gesehen? So sassen wir eben sorglos im Luftschutzkeller und hörten das Brummen der über uns fliegenden Flugzeuge. In unseren Ohren klangen sie nicht wie eine Bedrohung. Ertönte dann nach einer gewissen Zeit die Entwarnung, ging es wieder zurück in die Schulstube, und der Unterricht wurde weitergeführt.

Herr Widmer, unser Lehrer

In der 4. und 5. Klasse hatten wir einen Lehrer, von dem wir begeistert waren. Er war zwar ausserordentlich jähzornig, doch er war gerecht. Alle Schüler wurden gleich behandelt, ob sie Geschenke brachten oder nicht. Bekam er einen seiner Wutanfälle, duckten wir uns in unseren Bänken und machten uns so klein, wie es nur ging. Doch fast immer verliess er in diesem Zustand das Zimmer und blieb eine Weile draussen. Kam er zurück, war er wieder ganz ruhig. Er verstand aber auch Spass. Eines Morgens schrieb ein mutiger Schüler den folgenden Vers an die Wandtafel: «Rot ist die Kirsche, rot ist das Blut, rot ist Herr Widmer in seiner Wut.» Er war derjenige, der am meisten darüber lachte.

Leider verliess er uns bereits nach zwei Jahren. War er krank, oder musste er an eine andere Schule, wir wussten es nicht. Wir organisierten ihm zu Ehren ein tolles Abschiedsfest. Das Schulzimmer und das Lehrerpult wurden mit grünen Zweigen und Wiesenblumen dekoriert. Bereits im voraus hatten wir einige Aufführungen vorbereitet. Wir spielten Sketches und trugen Gedichte vor. Von allen gemeinsam gesammelt, überreichten wir ihm das Abschiedsgeschenk. Er war gerührt, doch unsere Stimmung war eher gedrückt. Als Dank für diese Überraschung lud er die ganze Klasse am Nachmittag zum Baden ein. Ich hatte aber darüber keine Freude und hoffte, dass es regnen würde. Warum? Ich konnte als einzige nicht schwimmen und schämte mich. Leider sahen wir ihn nie wieder. Der neue Lehrer hatte mit uns von Anfang an einen schweren Stand, denn wir vermissten unseren Herrn Widmer.

Endspurt in der Primarschule

Doch gerade das letzte Primarschuljahr verlangte viel von uns. Wir mussten uns auf die Sekundarschule vorbereiten, und da wurden harte Anforderungen an uns gestellt. Der Stundenplan wurde durch mehrere Fächer erweitert. Wir wurden mit der Geschichte (oh, diese Daten), Geografie, Chemie, Algebra, Physik und Chemie konfrontiert. Auch mehr Hausaufgaben verkürzten drastisch unsere Freizeit. Stress wäre der richtige Ausdruck gewesen, hätten wir dieses Wort damals gekannt. Doch für uns war es absolut normal, und es gehörte nun einmal zum Reifeprozess. Wir wussten einfach, Schule muss sein, ob es uns passte oder nicht.

Hinaus in die Natur

Die Fächer Naturkunde und Zeichnen fanden auch oftmals im Freien statt. Es gab im oberen Quartier sogar eine Privatschule, deren Schulstunden im Sommer nur im Freien abgehalten wurden. Die Bänke standen in einer Wiese. Bei schönem Wetter brachte uns ein Spaziergang durch den Wald oder den Wiesen und Feldern entlang die Bäume, Blumen und Tiere näher. Am nächsten Tag mussten wir dann über das Beobachtete schreiben, darum hiess es gut aufpassen, wenn der Lehrer etwas erklärte. Unser Ziel war der Wehren- oder der Elefantenbach. Der Wehrenbach ist der obere Teil des Hornbachs. Beide liegen mitten im Wald, so dass es an heissen Tagen angenehmer war als in der Schulstube. Wir nahmen Blätter oder Blüten nach Hause, um sie dann in einer anderen Schulstunde gründlicher zu untersuchen. Doch am Ende des Nachmittags durften wir uns dann im Bach austoben. Das Wasser war nicht sehr hoch. Wir kletterten auf den steinernen Elefanten mitten im Elefantenbach

Um 1948 führten naturkundliche Exkursionen zum steinernen Elefanten im Stöckentobelbach.

oder auf die steinernen Seehunde im Wehrenbach. In disziplinierter Zweier-
reihe ging es dann wieder zurück zum Schulhaus.

In der ersten Naturkundestunde bekamen wir ein grosses Heft. Als Zierde
mussten wir auf dem ersten Blatt eine gelbe Löwenzahnblume zeichnen. Nach
dem Einziehen der Hefte sahen wir Herrn Widmers Stirnader anschwellen.
Sturm in Sicht. Rolf wurde, in barschem Ton, nach vorne zitiert. Ehe wir es
uns versahen, glühten seine Wangen im tiefsten Rot. Diesmal war Herrn
Widmer wirklich die Hand ausgerutscht, und zwar recht heftig. Damals gab
es viele Lehrer, die vor Schlägen auf die Hände oder auch vor Ohrfeigen nicht
zurückschreckten. Doch keines von uns Kindern hätte dies gross zu Hause
erzählt. Auch dort ging es strenger zu als heute. Der einzige Kommentar wäre
gewesen: «Du hast es bestimmt verdient.» Da es ja nicht so oft vorkam, liessen wir uns deswegen keine grauen Haare wachsen. Warum aber gerade diese
Ohrfeigen? Nun, Rolf hatte eine neue Sorte dieser Wiesenblume gezüchtet.
Blätter und Blüte waren in einem einheitlichen Braun gemalt. Doch das
Ganze hatte am nächsten Tag ein Nachspiel. Es klopfte an der Schulzimmer-
tür. Herr Widmer öffnete, und draussen stand Rolfs Vater. Nach einer gerau-
men Zeit trat dieser zusammen mit Herrn Widmer in die Schulstube. Wie
waren wir alle erstaunt, als sich unser Lehrer vor der ganzen Klasse für diesen
Ausrutscher entschuldigte. Rolf war zu Unrecht bestraft worden, er war nämlich farbenblind, und das wusste in der Schule niemand. Herr Widmer nahm
daher an, der Schüler wolle ihn absichtlich ärgern. Doch mit einer solchen
Entschuldigung stieg Herr Widmer noch mehr in unserer Achtung.

Zeichnen, auch im Freien

Ich mochte die Zeichenstunde. Mein Talent reichte aber nur für Blumen und
Landschaften. Tiere konnte man bei mir überhaupt nicht unterscheiden, höch-
stens einen Elefanten, weil er einen Rüssel hat. Wir lernten aber mit einfachen
Tricks Menschen zu zeichnen. Die jeweiligen Bewegungen wurden zuerst mit
einfachen Strichen schematisiert. Die Zeichenstunde wurde ebenfalls einige
Male im Freien durchgeführt. Zeichenmappe, Blei- und Farbstifte unter dem
Arm, ging es zum Objekt. Einmal war auch der Zirkus Knie auf dem alten
Tonhalleplatz unser Ziel. Die Auswahl des Sujets blieb uns Schülern frei überlassen. Die Wahl verlief je nach Talent. Wir verteilten uns rund um das Gelände, und jeder vertiefte sich, auf der Mauer sitzend, in seine Aufgabe. Ganz
gute Zeichner versuchten Tiere abzuzeichnen. Die Schwierigkeit war, dass diese nicht still standen. Andere kopierten Gruppen von Wohnwagen mit den
Leuten ringsherum. Ich machte es mir etwas einfacher. Ich stellte mich vor
den Eingang und kopierte die bunte Wand. Zum Abschluss durften wir die
Tierschau besuchen. Die Zeichnungen wurden dann im Schulzimmer ausge-
stellt. Technisches Zeichnen galt nur für Knaben.

Ein Lied zur rechten Zeit

Gesang gehörte damals ebenfalls ins Schulprogramm. Aber zuerst musste man die Noten lernen, nicht jedermanns Sache. Während den acht Schuljahren lernten wir viele Abend-, Volks-, Wander- und Heimatlieder. Wir sangen mehrstimmig oder im Kanon. Wanderlieder halfen uns dann auch auf Schulreisen über die Strapazen hinweg. Der Gesang liess uns unsere schweren Beine vergessen. In einem der Skilager gingen wir jeweilen vor dem Schlafengehen vor die Hütte hinaus. Über uns Sterne über Sterne in der kristallklaren Nacht. Vor der Türe stehend sangen wir zum Abschluss des Tages ein Abendlied in die stille Winterlandschaft. Waren wir auch nur Kinder, wir fühlten in diesem Moment etwas Erhabenes. Alle diese Lieder höre ich noch heute gerne, wenn sie im Radio ertönen. Schade, dass sie an den heutigen Schulen zugunsten von moderner Musik fast vollständig vernachlässigt werden. Aber vielleicht passen die damaligen Heile-Welt-Lieder gar nicht mehr in die heutige Zeit?

Chemie

Spannend fand ich die Experimente in den Chemiestunden. Da brodelten Flüssigkeiten und verfärbte sich klares Wasser in farbiges. Reagenzgläser wurden über einen Bunsenbrenner gehalten, und es kam zu unerwarteten Reaktionen. Vor allem aber wurde uns immer wieder eingebläut, diese Versuche mit wenigen Ausnahmen, nicht zu Hause zu wiederholen. Das Schulhaus selber aber steht noch heute.

Verschiedene Lehrstunden

Doch noch immer waren die wichtigsten Schulfächer das Rechnen und Deutsch. In der Sekundarschule kam dann noch die Französischstunde dazu. Da hiess es: «Le livre est sur le pupitre», und viele andere solcher Sätze, welche nur die Schule betrafen. Auf die Rechtschreibung wurde sehr viel Wert gelegt, und wenn das Diktat oder der Aufsatz einem Schlachtfeld voller Blut glich, sanken die Noten in den Keller. Das hiess, man musste noch manches überarbeiten. Mein Horror war die Geometrie und alles, was mit Zahlen zu tun hatte. Die Noten in meinem Büchlein belegen es noch heute.

Geschichtsstunden – ohne Jahreszahlen bei mir sehr beliebt! Erst mal vertieften wir uns in die Geschichte der Stadt Zürich. Als nächstes folgte die Schweizer Geschichte, vor allem die Gründung der Eidgenossenschaft. Später überquerten wir unsere Grenzen. Der Zentralpunkt im Geschichtsunterricht war unser Nationalheld. Den «Wilhelm Tell» von Schiller konnten wir praktisch auswendig. Einmal mussten wir ihn mit verteilten Rollen laut lesen. Später besuchte die ganze Klasse gemeinsam die Aufführung im Schauspielhaus in Zürich. Heinrich Gretler spielte damals einen sehr überzeugenden Tell. Zum Abschluss dieses Themas führte uns eine Schulreise an die Wiege unserer Eidgenossenschaft. Vom Rütli war ich zwar etwas enttäuscht. So also sah der Ort aus, an dem die Schweiz begann, eine ganz gewöhnliche Bergwiese! Dann ging es zur Tellskapelle und zur Tellsplatte. Unser Ausflug fand bei strömendem Regen statt. Tapfer marschierten wir auf der alten Axenstrasse. In Sisikon erwartete uns aber eine angenehme Überraschung. Wir wurden, nass wie wir waren, ins Innere eines Restaurants eingeladen und mit einer heissen Suppe verwöhnt. Zu dieser durften wir unser mitgebrachtes Essen aus dem Rucksack verzehren. Waren auch unsere Kleider nass, unserer Laune schadete das nicht. Heute bezweifelt man, ob dieser Wilhelm Tell wirklich gelebt hat. Historiker gingen der Sache nach und behaupten, es sei nur eine Legende. Doch für uns stellte sich damals die Frage nicht.

Handarbeiten nur für Mädchen

Handarbeitsstunden waren damals nur Mädchen vorbehalten. Vom gehäkelten Topflappen über handgestrickte Kniestrümpfe, karierte Schürzen bis zum bestickten handgenähten Nachthemd lernten wir alles. Das ganze Material bekamen wir gratis. Ende des Schuljahres stellten wir dann die besten Arbeiten aus, anschliessend durften wir sie heimnehmen. Ich durfte auch eine freiwillige Kochschule besuchen. Einfache Gerichte wie Brötchen mit Schnittlauchquark und selbsthergestellte Joghurts schmeckten herrlich. Nach Schulabschluss mussten wir Mädchen noch in die obligatorische Haushaltungsschule, in die sogenannte «Rüebli-RS». Dort brachte man uns Putzen, Kochen, Flicken und Nähen bei.

Schulpausen

Der angenehmste Ton in unseren Schuljahren war derjenige unserer Schulglocke. Laut drang sie durch alle Korridore, und man konnte sie unmöglich überhören. Kaum verklungen, stürmten wir, wie die wilde Jagd, die Treppen runter nach draussen. Nach dem Stillsitzen brauchten wir Bewegung, und in den Pausen tobten wir uns aus. Das begonnene Völkerball-Spiel wurde fortgesetzt. Doch auch mit anderen Spielen wurden die zehn Minuten voll ausgefüllt. Nur zu schnell läutete es wieder zur nächsten Schulstunde.

Wir erfanden auch neue Freizeitbeschäftigungen. Eine davon grassierte längere Zeit unter uns Mädchen. Dazu brauchte es nur einen alten Warenhauskatalog und bunte Bildchen, die man aus Heftli ausschnitt, oder ein religiöses aus dem Gebetbuch. Die Seiten des Katalogs wurden jeweils nach innen gefaltet. So entstand eine Art Tasche. Nannte man eine Seitenzahl, musste der Besitzer dort die Seite aufschlagen. Hatte man Glück, lag ein Papierbildchen darin versteckt. Dieses hatte man dann gewonnen und durfte es behalten. Die für uns wertvolleren Kirchenbildchen waren spärlich vorhanden.

Ebenfalls nur unter den Mädchen wurden die Poesiealben ausgetauscht. Auf der linken Blattseite wurde, je nach Begabung, eine Zeichnung angefertigt. Jene, die nicht so viel Talent zum Zeichnen besassen, klebten Bildchen mit Vergissmeinnicht-Sträusschen oder pausbackigen Engeln aufs Blatt. Diese konnte man in jeder Papeterie kaufen. Auf die rechte Blattseite schrieb man dann sinnige Sprüche oder Verse, das Datum und den Namen. Mein Lieblingsspruch ist noch heute: «Gesundheit webe deine Tage, Zufriedenheit vergolde sie. Dein Leben fliesse ohne Klage dahin in schönster Harmonie.» Auch meine Primarschullehrerin schrieb mir eine Widmung. Den Sinn verstand ich aber erst, als ich erwachsen war. Mit Freude schlage ich noch heute die Seiten in meinem Album auf. Von vielen hörte ich nie mehr etwas, doch ihr Eintrag ruft sie mir wieder in Erinnerung.

Während der Primarschule erhielten wir jeden Tag, in der grossen Pause, unsere Schulmilch. Jedes bekam ein Fläschchen mit Röhrchen. Bezahlt wurde es von den Eltern. Dazu assen wir unseren mitgebrachten Znüni.

Nicht immer willkommene Besucher

Verschiedene Besucher tauchten während des Jahres immer wieder in unseren Schulklassen auf. Die meisten waren uns nicht so willkommen. Da war zum ersten der Schulinspektor, der unseren Wissensstand prüfte. Was eine Laus-Tante ist, wissen wohl nur die Kinder aus jener oder früherer Zeit. Bei jedem untersuchte sie sehr gewissenhaft die Kopfhaut. Gesucht wurden kleine, aber nicht sehr niedliche Tiere – nämlich Läuse. Ich kann mich nicht erinnern, dass in unserer Klasse je solche gefunden wurden. Um aber dieses Ungeziefer zu vertreiben, blieb nur die Haarwäsche mit einem Petroleumgemisch oder den Kopf kahl zu scheren. Ebenso unwillkommen war der Schulzahnarzt. Einige Tage nach dem Besuch bekam die Lehrerin ein Päckchen Karten. Diese waren eine obligatorische Einladung für Bohren oder Zähneziehen in der Zahnklinik im Amtshaus. Welch ein Aufatmen, wenn man keine Karte bekam, das hiess, alles ist in Ordnung, es muss nicht gebohrt werden.

Dann der Schularzt, der uns einmal im Jahr alle untersuchte. Diesen fürchtete ich ebenfalls sehr. Ich war ein mageres Kind, dabei hatte ich immer mehr als genug zu essen. Der Arzt aber meinte, ich brauche Luftveränderung. Ich war zwar selten krank, trotzdem veranlasste er, dass ich für drei Monate in ein Kinderheim musste. Einmal war es im Zürcher Oberland und das zweite Mal in den Bündner Bergen. Ich wurde krank vor Heimweh.

Das Kinderheim

Die drei Monate im Kinderheim Laret aber bleiben mir in äusserst schlechter Erinnerung. Im ersten Monat brach eine Scharlachepidemie aus. Damals war diese Krankheit noch gefährlich, und die Angesteckten wurden sofort ins Spital gebracht. Leider war sie, nachdem schon einige hospitalisiert waren, nochmals neu in unserem Zimmer ausgebrochen. Es bestand daher die Gefahr einer Wiederansteckung. Wir waren drei Verschonte. Sofort wurden wir in Quarantäne gesetzt. Wir durften nicht mehr aus unserem Zimmer. Das Essen wurde uns gebracht. Spielen durften wir auf einer angrenzenden Terrasse. Doch das Schlimmste war, ich kam in Berührung mit Boshaftigkeit und Hinterlist. Eine von uns dreien war nämlich älter. Sie quälte uns mit einem solchen Vergnügen und lachte dabei hämisch. Wollten wir uns wehren, hagelte es Schläge. Wir waren zwar zu zweit, aber schwächer als sie. Wir mussten ihr fast wie Sklaven dienen, und oftmals mussten wir ihr sogar das Dessert überlassen. Kam eine Leiterin zu uns, verwandelte sie sich sofort in einen Engel und flötete mit süsser Stimme, wie lieb wir es zusammen hätten. Wir getrauten uns nicht, etwas auszuplaudern, denn sie drohte uns immer wieder. Nach einem Monat, als ich wieder zu den anderen Kindern durfte, war ich so glücklich und vergass sogar ein klein wenig mein Heimweh. Dieses Mädchen konnte ich lange Zeit nicht vergessen, ich war der Gemeinheit begegnet. Nicht einmal in meinen Briefen nach Hause wagte ich etwas zu verraten.

In der 6. Klasse sollte ich dann, wieder vom Schularzt aus, wieder einmal für drei Monate zur Kur. Doch Tante Carmen kämpfte diesmal für mich. In diesen Kinderheimen wurden die Schulstunden nur am Morgen abgehalten, und somit hielten sie mit dem normalen Programm nicht Schritt. Meine Tante hatte daher Bedenken, dass ich mit einem solchen Aufenthalt den Eintritt in die Sekundarschule nicht schaffen könnte.

Die Reise ans Meer

In der Sekundarschule schickte mich der Schularzt, diesmal durch das Rote Kreuz, bis an die Küste des Atlantiks. Ich musste oder durfte mit elf anderen Mädchen und einer Leiterin für vier Wochen nach Frankreich ans Meer. Schon die Reise war aufregend. 24 Stunden Zugfahrt durch die Schweiz und durch Frankreich – und das mit Dampflokomotive. Von Genf bis Lyon mussten wir sogar stehen, da keine Sitzplätze reserviert waren. Das Meer aber wurde dann für mich zu einem grossen Erlebnis. Zum richtig Baden kamen wir allerdings nie. Die wenigen Male, die wir überhaupt ins Wasser durften, mussten wir eine Kette bilden, indem wir uns an den Händen hielten. Die Wellen umspülten höchstens unsere Knöchel. In der Nähe des Hauses lag der Sandstrand, doch etwas weiter daneben ragten zackige Felsklippen aus dem Meer. Dort hätte ich dem Tosen des Wassers stundenlang zusehen können. Die Wucht, mit der die Wellen auf die Felsen prallten, war ein einziges Schauspiel. Auch Spaziergänge in den Dünen standen auf dem Programm. Dieses Bergauf und Bergab im weichen Sand war für uns eher ungewohnt.

Wir wohnten zusammen mit vielen Franzosenkindern in einem Kinderheim in der Nähe von Royan. Es waren alles Buben, jünger als wir. Zum Teil handelte es sich um Waisenkinder. Wir verstanden uns aber prima mit ihnen. Am 1. August spielten wir sogar einen Handballmatch Schweiz gegen Frankreich. Die Reise zurück war zwar ebensolang, aber die Freude auf unser Zuhause verkürzte uns die Zeit.

Schulreisen

Schulreisen waren höchstens im Kindergarten und im ersten Schuljahr ein ruhiger Ausflug. Man fuhr mit dem Tram vor die Stadt, und nach einem kleinen Spaziergang setzten wir uns alle ins Gras und picknickten. Mit dem Älterwerden entfernte man sich schon etwas mehr, einmal mit der Bahn oder auch mit dem Schiff. Am Ziel angekommen, ging es zu Fuss weiter. Wanderungen von einigen Stunden waren normal. Sie blieben uns aber dafür um so länger in Erinnerung, da wir doch immer Neues erlebten. Das Essen war im Rucksack verstaut, und wir tranken aus Feldflaschen. Waren diese leer, füllte man sie an einem Brunnen, dessen frisches Wasser uns Durstigen wie Nektar schmeckte. Es kam auch vor, dass wir ein Feuer machen durften. Wir spiessten unsere Servelats auf einen Stecken und hielten sie über die Flammen, bis sie schön schwarz waren. Doch auch rohe Kartoffeln wurden ungeschält direkt in die Glut gelegt. Aussen waren sie zwar verbrannt, aber das Innere schmeckte herrlich. Trotz grosser Müdigkeit erzählte ich am Abend zu Hause alles, was ich gesehen und erlebt hatte.

In der Sekundarschule unternahm man zweitägige Ausflüge. Meistens fuhren wir in die Voralpen. Übernachtet wurde in Jugendherbergen oder Berghütten. Einer dieser Ausflüge führte uns auf den Niederbauen am Vierwaldstättersee.

Meine erste Begegnung mit dem Wallis

Mein grösstes Erlebnis war die Besteigung der Bela Tola in den Walliser Alpen. Diesen Ausflug organisierte unser Lehrer der KV-Klasse. Wir waren nur zwölf junge Mädchen und Burschen. Schon die Fahrt mit der Bahn bis Andermatt und dann über die Furka bis nach Siders war ein Erlebnis. Doch als wir im Bahnhof Siders ausstiegen, war das letzte Postauto ins Val d'Anniviers bereits weg. Ein Lastwagen erbarmte sich unser. Zwischen lebenden Ziegen

74

und Kisten voller Flaschen durften wir es uns auf dem offenen Laderaum bequem machen. Nach einem Halt in St-Luc ging es in der Dunkelheit zu Fuss weiter. Der Weg war steil und alles andere als bequem. Nur Taschenlampen wiesen uns den Weg zur Alphütte. Nach einer etwas unruhigen Nacht in der Berghütte mussten wir die Pritschen bereits um vier Uhr verlassen. Nach einer Katzenwäsche und dem Frühstück begann der Aufstieg. Ein steiler Weg führte uns in Serpentinen bis auf den Gipfel. Doch oben erwartete uns ein fantastischer Rundblick über die Spitzen der Walliser und Berner Alpen. Dieser Anblick brachte uns sogar zum Schweigen. Wir konnten nur noch staunen.

Doch die Zeit eilte dahin, und wir mussten wieder abwärts. Der Abstieg wurde durch eine Idee unseres Lehrers etwas Besonderes. Wir wählten die hintere Flanke des Berges. Nach einer rasanten Rutschpartie einen steilen Schneehang hinunter landeten wir nicht gerade sanft auf einem kleinen Gletscher. Wir Mädchen besassen leider keine Wanderhosen, nur Jupes. So stöhnten wir dann über die schmerzenden Kratzer an Beinen und Waden. Unter der fachkundigen Leitung unseres Lehrers überquerten wir vorsichtig den Gletscher. Der folgende, mit Felsbrocken übersäte Steilhang schien kein Ende mehr zu nehmen. Doch endlich war es geschafft. Als Belohnung winkte uns ein klarer Bergsee. Doch ans Baden war nicht zu denken, denn das Wasser war eiskalt. Das letzte Teilstück legten wir im Laufschritt zurück, denn der Lastwagen wartete auf uns. Er nahm uns wieder bis Siders mit, dieses Mal mit leerem Laderaum. Mit der Bahn ging es durch den Lötschberg wieder zurück nach Zürich. Damals ahnte ich noch nicht, dass das Wallis einmal meine Heimat sein würde.

Skilager und Sportwoche

Es gab damals im Februar noch die sogenannte Sportwoche. Man musste zwar jeden Tag in die Schule, doch es fanden keine Schulstunden statt. An Stelle der Büchertasche traten Schlitten oder Schlittschuhe. Geschlittelt wurde oben in der Rehalp, und mit den Schlittschuhen durften wir bis zum Eisfeld Dolder.

In der 6. Klasse organisierte unser damaliger Lehrer in der Sportwoche ein Skilager. Eine ganze Woche verbrachten wir in Flumserberg in einer Jugendherberge. Der Schnee lag so hoch, dass man im ersten Stock direkt aus den Fenstern ins Freie klettern konnte. Begleitet wurden wir von unserem Lehrer und zwei weiteren Erwachsenen.

Skiwanderung auf den Berg

Ein Drittel unserer Klasse war noch nie auf Skiern gestanden. Aber am letzten Tag waren alle imstande, einen Tagesausflug auf den nahen Berg zu unternehmen. Mit Fellen an den Skiern und in Spitzkehren ging es recht steil aufwärts. Für uns Anfänger war das natürlich eine tolle Leistung. Doch auch die Abfahrt verlangte von uns einiges. Wir setzten immer wieder den eben erst gelernten Stemmbogen ein.

Der letzte Abhang vor der Ankunft aber war der steilste. Plötzlich bekam ich es mit der Angst zu tun. Um dem Boden näher zu sein, hockte ich mich auf die Skier. Die Bindung aber vertrug dies nicht so gut, und eines der Bretter löste sich und fuhr ohne mich rasend schnell den Hang hinunter. Weinend stand ich dann im tiefen Schnee, denn die Skier hatte ich doch bei der Stadt gemietet. Da ich aber trotz allem ins Lager zurück musste, zog ich auch den anderen Ski aus. In einem beschwerlichen Marsch kam ich dann endlich in der Herberge an. Der Ausreisser wurde später, an einer Tanne hängend, wieder gefunden. Mir fiel ein Stein vom Herzen.

Während dieser Woche gab es aber auch einige Unfälle, vor allem verstauchte Gelenke. Damals war ich mager und dünn, einige nannten mich sogar Zündhölzchen. Daher hänselte man mich in den Wochen vor dem Skilager mit solchen Sprüchen wie: «Du musst dann noch deine Knochen numerieren, damit wir dich wieder zusammenflicken können.» Doch diese schienen zäher zu sein als allgemein angenommen wurde, denn sie kamen alle heil nach Hause.

Den ganzen Tag über standen wir auf den Skiern. Sogar wenn es dicke Flocken schneite und man die Piste kaum sah. An den Abenden aber ging man zum gemütlichen Teil über. Verschiedene Spiele wurden veranstaltet, Scharaden aufgeführt, Zaubertricks gezeigt und vieles andere. Es wurde viel gelacht. Wir Schüler kamen uns dadurch viel näher.

Ein weiteres Skilager folgte in der Sekundarschule. Dieses verbrachten wir in Braunwald. Dieses Mal fuhr nur ein Teil der Kinder Ski, die anderen gingen Schlittschuh laufen.

Ferien

Wie für die heutigen Kinder waren auch für uns die Ferien das Schönste in der Schule. Wir hatten Frühlings-, Sommer-, Herbst- und Weihnachtsferien. Die längste Zeit aber waren die vier Wochen im August. Allerdings verreiste kaum eine Familie, die ich kannte, ins Ausland oder ans Meer. Viele mussten sogar überhaupt auf eine Reise verzichten. Es war Nachkriegszeit. Dafür durften einige meiner Spielkameraden in die Ferienkolonie, und sie erzählten immer, wie lustig es dort gewesen sei.

Ich selber hatte das Glück, oftmals mit meiner Nonna ins Tessin in ihr Heimatdorf zu fahren. Bis zu meinem zwölften Lebensjahr wohnten wir immer bei meiner Urgrossmutter. Diese führte das einzige Restaurant im

Dorfe, und das schon seit meine Nonna geboren war. Sie war bereits Witwe, als ihre sieben Kinder noch klein waren. Mein Urgrossvater war, noch jung, an Malaria gestorben.

Ihr Grotto d'Edera war weitherum für sein gutes Essen bekannt, und am Abend kamen auch vornehme Gäste aus Lugano. Mit Hilfe einer ihrer Enkelinnen kochte sie noch immer selber und führte den Betrieb mit starker Hand. Sie starb mit 95 Jahren. Sie war eine imposante Frau, die nicht viel sprach. Doch ich mochte sie sehr, und ich war immer gerne dort. Meine Nonna erzählte mir: «Randalierte ein alkoholisierter Gast im Lokal, packte sie ihn hinten beim Kragen und warf ihn einfach hinaus. Aber niemals hat sich einer getraut, sich zu wehren.»

Dieses Grotto gibt es heute nicht mehr. Das Haus steht zwar noch, aber es wurde als Wohnhaus umgebaut. Der lauschige Garten ist heute ein Parkplatz. Auch die Bocciabahn ist verschwunden.

Als ich grösser war, durfte ich sogar allein nach Soragno. Nonna setzte mich in Zürich in den Zug, und in Lugano holte mich eine Verwandte ab. Da ich den Dialekt fliessend sprach, gab es keine Verständigungsschwierigkeiten. Mein Heimweh hielt sich dort in Grenzen, denn ich hatte kaum Zeit, daran zu denken. Meine Cousine Edith aus Zürich war ebenfalls dort bei Verwandten. Wir waren dauernd zusammen und haben in den vier Wochen zu Fuss das ganze Tal erkundet. Wir spielten aber auch mit den Kindern aus dem Dorf. Es waren ja fast alles Cousinen oder Cousins, denn sowohl Nonna wie auch Nonno waren aus derselben Gemeinde. Ich war auch später als Erwachsene mehrere Male dort, zuletzt vor einigen Jahren. Das kleine Dorf hat sich nicht sehr stark verändert, obwohl es nur fünf Kilometer von Lugano entfernt ist. Sogar das Haus, in dem mein Vater geboren wurde und aufgewachsen ist, steht noch. Einzig die offene Loggia wurde mit Fenstern versehen und die Fassade rosa gestrichen. Ein Teil meiner Wurzeln steckt in jener Erde.

Das Schulzeugnis

Im Frühling standen die Abschlussprüfungen bevor. Die Schulnoten waren dann das Ergebnis unserer Bemühungen. Ich hatte grosses Glück. Meine Grosseltern machten wegen der einen oder anderen mageren Note kein Geschrei. Es hiess höchstens: «Gib dir etwas Mühe, dann kannst du es besser.» Trotzdem hatte ich beim Examen wie alle anderen ein Kribbeln im Bauch. Zu Hause musste man das Zeugnis unterschreiben lassen. Man nahm sich fest vor: «Das nächste Jahr werden die Noten besser.» Diese Vorsätze überdauerten meist nicht mal den ersten Monat. Bis zum nächsten Zeugnis war es ja noch weit.

Das Schulexamen

Eine Tradition in Zürich war das alljährliche Schulexamen. Dieser Tag war der Abschluss des Schuljahres. Nach den Frühlingsferien stieg man in eine höhere Klasse auf. Am Morgen gingen wir sonntäglich gekleidet und in Begleitung der Eltern oder Erzieher in die Schule. Diese durften, der Wand entlang sitzend, dem ganzen Unterricht beiwohnen. Damit sich kein Schüler zu schämen brauchte, stellte der Lehrer an diesem Tag nicht allzu schwere Fragen. Als Abschluss wurde dann zu Ehren der Gäste ein Lied gesungen. Den Höhepunkt bildete der sogenannte Examenweggen, ein längliches Weissbrötchen. Aber das Besondere daran waren die knusprigen Zacken obenauf. Das Brötchen brachte ich immer meiner Nonna, nur die Zacken waren weg. Die hatte ich auf dem Heimweg bereits abgeknabbert. Doch jetzt hiess es, erst einmal die Osterferien geniessen.

Kultur

Zu unserem Schulprogramm gehörte auch ein Hauch von Kultur. Den «Wilhelm Tell» von Schiller im Schauspielhaus habe ich bereits erwähnt. Ein Konzertbesuch im Kongresshaus-Saal sollte uns, mit Werken von Haydn, Schubert und Bach, in die klassische Musik einführen. Einigen machte dies keinen so grossen Spass. Doch die Sinfonie von Haydn mit dem Paukenschlag weckte schlagartig jeden Schläfer. Berühmte Dichter waren uns zum grossen Teil nicht fremd, mussten wir doch viele Gedichte von ihnen auswendig lernen. Nur «Das Lied von der Glocke» durfte man freiwillig lernen, zog es sich doch über elf Seiten. Es gab aber doch einige Schüler, die es aus Freude an der Dichtkunst lernten und vortrugen. Wir besuchten auch eine Bilderausstellung und diskutierten anschliessend in der Klasse darüber. Die Geschichtsstunden führten uns natürlich auch ins Landesmuseum in Zürich. Der Anschauungsunterricht führte uns von den Pfahlbauern über die Römer bis zum Mittelalter. All diese Fundstücke waren aussagekräftiger als Erzählungen und Jahreszahlen. Schüler durften auch Referate über ein freigestelltes Thema halten. Dieses musste aber gut vorbereitet werden. Die meisten waren sehr interessant.

Aschenbrödel

In der Sekundarklasse sollten wir ein Theaterstück von A bis Z in Szene setzen. Wir wählten das Märchen vom «Aschenbrödel». Jeder kannte die Geschichte. Erst einmal hiess es aber den Text in Dialogform zu schreiben. Das geschah in Zusammenarbeit mit dem Lehrer und der ganzen Klasse. Es gab auch eine kleine Klippe. Die Schwierigkeit, zahme Tauben zu verwenden, brachte uns auf die Idee, diese durch drei Zwerge zu ersetzen. Diese mussten dann «die Guten ins Töpfchen, die Schlechten ins Kröpfchen» sprechen.

Als der Text bereit war, kam die Rollenverteilung an die Reihe. Das Aschenbrödel brauchten wir nicht lange zu suchen. Silvia ging in die Ballettstunde, hatte ein gutes schauspielerisches Talent und war ein zierliches Persönchen. Die drei Kleinsten der Klasse, nämlich Sepp, Josy und ich, durften die Zwerge spielen. Keine sehr grosse Rolle, trotzdem setzten wir unseren Stolz daran, sie gut zu spielen. Wir bekamen sogar richtige Zipfelkappen und Laternen.

Das nächste waren die Kostüme. Einige unserer Eltern nähten uns einen grossen Teil. Für das Aschenbrödel und den Prinzen gingen wir in ein Verleihhaus. Die Requisiten kamen aus der eigenen Bastelküche. Künstlerisch waren sie zwar nicht ganz perfekt, doch dafür sehr naturnah. Da die Aufführung in der Turnhalle stattfand, wurden sie einige Tage vorher dort aufgebaut.

Hauptprobe und Vorstellung

Endlich war alles bereit. Die Hauptprobe war zwar mit einigen Pannen abgelaufen, aber das soll ja so sein. Wir schlossen dann erst einmal Bekanntschaft mit dem berühmten Lampenfieber. In der Turngarderobe, die wir als Umkleideraum benutzten, herrschte das absolute Chaos. Sitzt das Gewand? Wo ist die Zipfelmütze des ersten Zwerges? Wer hat die Schüssel mit den Erbsen zu Hause vergessen? Wo steckt denn schon wieder die böse Stiefmutter? Hatte man sie endlich gefunden, stellte man fest, dass sie nicht böse genug aussah. Wir mussten uns selber schminken, was gar nicht so einfach war. Vor dem Beginn waren die Toiletten der meistbesuchte Ort und dementsprechend auch dauernd besetzt.

Die Zuschauer setzten sich aus Schülern und Lehrern der anderen Klassen zusammen. Die drei obligatorischen Schläge, und das Stück konnte beginnen. Alles verlief wie am Schnürchen, ausser einigen kaum bemerkten Schnitzern. Das Aschenbrödel zog mit viel Anmut alle Register seines Könnens, aber auch die anderen Mitspieler gaben ihr Bestes. Die Zuschauer schienen, nach dem Applaus zu schliessen, doch recht zufrieden. Von älteren Schülern hatten wir zwar einige Male vor der Aufführung die Bemerkung gehört: «Was, ein Märchen, wir sind doch nicht mehr im Kindergarten!» Wir konnten auf unsere Leistung stolz sein, wir hatten etwas geschaffen. Auch unser Lehrer gratulierte uns herzlichst. Wir haben aber auch etwas aus dieser Arbeit gelernt. Wir wussten um die Schwierigkeiten, ein Theaterstück zu inszenieren. Ebenso erfuhren wir, was bei einer Aufführung alles hinter den Kulissen vorgeht.

Aufführung im Kirchgemeindehaus

Ein paar Tage später erhielten wir eine Einladung ins Kirchgemeindehaus Neumünster. Wir sollten dort, mit dem gleichen Stück, ältere Leute aus dem Quartier erfreuen. Wir sagten sofort zu und freuten uns darauf. Das Durcheinander vor der Aufführung war nicht mehr so gross. Der Saal war vollbesetzt, die Leute sassen an Tischen. Trotzdem herrschte während der ganzen Vorstellung Stille, welche nur hin und wieder von einem Lachen unterbrochen wurde. Die Freude im Saal stand jedem einzelnen ins Gesicht geschrieben. Dies machte uns sehr glücklich. Bei einem offerierten feinen Zvieri sassen dann alt und jung einträchtig beisammen.

Trauriges

Überall dort, wo Menschen leben, gibt es auch Trauriges. Auch unser Quartier wurde davon nicht verschont. Da viele Familien sich persönlich kannten, nahm man auch mehr Anteil am Leben der Nachbarn. So konnte es nicht ausbleiben, dass man vieles erfuhr.

Aber ein Ereignis hat mich am meisten getroffen, obwohl ich noch ein Kind war. Wieder einmal musste ich am Sonntagmorgen Milch holen. Im Laden standen mehrere Frauen und schwatzten aufgeregt durcheinander. Aus ihren Gesprächsfetzen erfuhr ich dann, dass sich im Nebenhaus in der Nacht ein furchtbares Drama ereignet hatte. Eine Mutter hatte Selbstmord verübt. Das Schlimmste aber war, sie hatte vorher ihre drei Kinder getötet. Vor dem Haus standen noch die Polizeiautos, darum herum, wie überall, viele Neugierige. Von ihnen hörten wir, die Mutter und ihre drei Kinder seien vom heimkommenden Vater auf einer Matratze liegend in der Küche gefunden worden. Sie hatte den Kindern Schlaftabletten gegeben und den Gashahn aufgedreht. Jede Rettung kam leider zu spät. Das Schlimmste aber für uns Kinder war, der älteste Sohn war ein Spielkamerad von uns gewesen. Noch am Abend vorher hatte er fröhlich mit uns herumgetobt, und nun war er tot. Wir würden ihn also niemals wieder sehen. Ich brauchte Zeit, um diesen Schlag zu verwinden. Ich konnte einfach nicht begreifen, wie das eine Mutter tun konnte. Wahrscheinlich lag es daran, dass wir noch zu jung waren und die Eltern viel Schlechtes von uns fern hielten. An ihrem Grab im Enzenbühl stand ein gebrochener Ehemann und Vater. Einige Monate später wählte er ebenfalls den Freitod.

Als ich bereits ein junges Mädchen war, wurde im unteren Teil unserer Strasse eine Prostituierte ermordet. Ein Mord war in unserem Quartier noch nie geschehen. Auch die Zeitungen waren nicht, wie heute, jeden Tag voll davon. Darum wurde viel davon gesprochen. Doch wir Jungen konnten mit dem Wort Prostitution nicht viel anfangen. Die sexuelle Aufklärung war in jener Zeit eher mangelhaft.

Aber eine ernste Ermahnung kannten wir alle. «Gehe nie mit einem fremden Mann mit, selbst wenn er dir Süssigkeiten anbietet.» Wir verstanden zwar nicht ganz warum, aber es klang so eindringlich, dass wir uns eigentlich alle daran hielten. Die Erwachsenen wussten aber, wovon sie sprachen, denn es gab auch in jener Zeit Sexualverbrechen und Kinder, die man dann später nur noch tot auffand. Ein Kind aber wurde nie mehr gefunden. In einem anderen Quartier wurde eines Tages der kleine Hansli vermisst. Trotz eifriger Suche fand man in einem Gebüsch nur die Einkaufstasche und sein Höschen. Ich war bereits verheiratet, und noch immer hing die Vermisstmeldung mit dem Foto im Kasten des Polizeipostens an der Hornbachstrasse.

Bereits im ersten Jahr nach Schulabschluss weinten wir über den Tod einer ehemaligen Mitschülerin. Ihr Bruder hatte sie, als Belohnung für den guten Schulabschluss, eingeladen, mit ihm auf dem Motorrad nach Italien zu fahren. Unterwegs hatten sie einen schweren Unfall, wobei Trudi verstarb. Ein anderer ehemaliger Mitschüler aus der Primarschule ertrank, ebenfalls im gleichen Jahr, bei einer Bootsfahrt auf dem Bodensee. Beide standen vor dem Beginn ihres Lebens, und für uns war das Ganze unfassbar.

Ostern

Ostern bedeutete für uns Frühlingsanfang und Ferien. Vor Ostern aber war Karfreitag. Als Jugendliche liebten wir diesen Tag überhaupt nicht. Alle Tea-Rooms, Restaurants und Kinos waren geschlossen, und dabei hatten wir frei. Das einzige war, zu Hause zu lesen, eine Wanderung in die Natur oder einen Besuch im Zoo zu machen.

Ostern aber war bei mir zu Hause etwas Besonderes. Erst ging ich mit meinen Grosseltern in die Messe. Die Säulen im Kirchenschiff waren mit frischen grünen Zweigen geschmückt, und auf dem Altar standen Vasen voll mit Frühlingsblumen. Nur an Ostern gingen wir Kinder ins Hochamt, sonst gab es eine eigene Messe für uns. Da aber das Hochamt lang dauerte, wurden wir immer etwas unruhig. Doch unser Pfarrer Gnos schätzte das nicht und hatte seine eigene Art, schwatzhafte Kinder zur Räson zu bringen. Ohne seine Predigt zu unterbrechen, stand er plötzlich vor dem Sünder. Er packte ihn, nicht immer sehr zart, am Arm und führte ihn vor den Altar. Vor allen Leuten musste er dann mit ausgestreckten Armen bis zum Ende der Predigt auf der Treppe knien. Das konnte natürlich auch im Kindergottesdienst geschehen. Trotzdem liebten wir unseren Herrn Pfarrer.

Nach der Messe gab es zu Hause ein feines Frühstück, denn damals durfte man vor der Kommunion nichts essen. Inzwischen waren auch die Eier und Osterhasen versteckt worden, die Moni, Romi und ich dann suchen mussten. Da wir keinen Garten besassen, fanden wir diese an den unmöglichsten Stellen in der Wohnung selber. Als ich etwas grösser war, gingen meine Freundin und ich anschliessend ins Zürichhorn. Dort pflückten wir Gänseblümchen und Veilchen, mit denen wir den Mittagstisch dekorierten. Wir fanden auch wildwachsende Osterglocken. Schon im Treppenhaus empfing mich der Duft des Bratens. An diesem Tag gab es bei uns sogar eine Vorspeise. In der Küche standen noch meine Onkel, die zu Besuch gekommen waren. Sie tranken einen kleinen Aperitif und dann kehrte jeder in seine Familie zurück.

Das Mittagessen war ausgiebig und dauerte, als ich noch ein Kind war, für meinen Geschmack immer etwas zu lange. Denn eines der Gebote damals war: «Man steht nicht vom Tisch auf, bevor alle fertig gegessen haben.» War es schönes Wetter, unternahm die Familie zusammen einen Spaziergang. Auf Ostern bekam ich auch jedes Jahr ein neues Sonntagskleid. So nahm mein Nonno die Fotokamera mit. Und da wurden wir, meistens vor Blumenrabatten, für die Nachwelt fotografiert. Leider kamen weder das neue Kleid noch die bunten Blumen zur Geltung, denn die Bilder waren immer schwarzweiss. Kamen wir wieder nach Hause, wurde das Dessert aufgetischt. Dieses bestand immer aus einer «Colomba» (Taube), das gehört im Tessin, wie auch in Italien, zum Osterfest.

Die erste Kommunion

Auf Ostern folgte dann schon am nächsten Sonntag der sogenannte «Weisse Sonntag». In unserer Kirche war dies der Tag der Erstkommunikanten. Ich war sieben Jahre alt, als ich zur ersten Kommunion durfte. Schon Monate vorher erklärte man uns im Religionsunterricht, was dieser Tag in unserem Leben als Katholiken bedeute. Doch mir schien die Bedeutung doch noch nicht ganz klar. Als mich der Pfarrer fragte, warum ich die erste Kommunion wolle, antwortete ich frei heraus: «Wegen dem langen weissen Rock.» Leider war mir an diesem Tag speiübel, und so musste ich die Messe in der Sakristei verbringen. Am Nachmittag trat dann eine Besserung ein, so dass ich heute ein Foto von mir in diesem so begehrten weissen Kleid besitze.

Sechseläuten

Das Sechseläuten fällt ebenfalls auf ein Wochenende nach Ostern. Am Sonntag fand immer der Kinderumzug statt. In der Altstadt wehten an Fenstern und Kirchtürmen die blau-weissen Fahnen im lauen Frühlingswind. Meist durfte ich mit der Familie Gygax in die Stadt, um den Umzug zu sehen. Um einen guten Platz zu ergattern, sassen wir bereits vor zwölf Uhr am Strassenbord. Das Mittagessen bestand aus mitgebrachten belegten Broten und Früchten an Ort und Stelle. Endlich war es soweit, die Langeweile begann sich bereits bemerkbar zu machen. Vorab die Reiter auf ihren Pferden. Es folgten

Kinder in Trachten aus allen Kantonen der Schweiz. Dann wieder andere in Kostümen aus der Zeit der Renaissance, des Rokoko und des Empire. Andere wieder waren als Cowboys, Indianer, Kaminfeger und Prinzessinnen gekleidet. Immer wieder träumte ich davon, einen Reifrock zu tragen, aber leider war auch die Miete eines solchen nicht billig. Das hinderte mich nicht daran, den bunten Umzug als Zuschauerin zu geniessen. Zusammen mit den anderen Leuten klatschten wir lautstark bei jeder Gruppe. Die Hauptfigur aber war jeweilen der Wagen mit dem riesigen Schneemann, dem «Böögg».

Das Sechseläuten in Zürich ist das Fest der Zünfte. Im 14. Jahrhundert schlossen sich die Handwerker zu Zünften zusammen. Jeder Beruf besass seine eigene Zunft. Ihre Treffpunkte waren, und sind es noch heute, die Zunfthäuser. Damals betrieben die Zunftherren Politik, und man fand sie als Volksvertreter in den Räten. Heute versammeln sie sich als Freunde und um die Geselligkeit zu pflegen. Was bis jetzt geblieben ist: Es werden keine Frauen in die Zunft aufgenommen. Dies gefällt vielen nicht, aber ich bin der Meinung, dass es wichtig ist, alte Traditionen zu pflegen, auch wenn für einmal die Emanzipation nicht zum Zuge kommt. Die Tradition ist doch die Wurzel, die uns mit unseren Ahnen verbindet. In den späteren Jahren bildeten auch die einzelnen Quartiere der Stadt eigene Zünfte. Die Riesbächler hatten sich bereits zusammengetan, als das Quartier noch nicht zur Stadt gehörte.

Am Montag waren die Läden in Zürich geschlossen, und er galt als Feiertag. Wir Kinder hatten schulfrei. An diesem Tag fand der grosse Umzug der Zünfte statt. Dieser ist mit seinen alten Kostümen und den vielen Blumen äusserst farbenfroh. Jede Gruppe wird von einer Musikkapelle begleitet.

Punkt sechs Uhr

Immer wieder ging der Blick zur St. Peterskirche und ihrem grossen Zifferblatt. Punkt 18 Uhr (Sechseläuten) begannen die Kirchenglocken zu läuten, und es wurde Feuer an den Holzstoss des «Böögg» gelegt. Dieser Schneemann symbolisiert den Winter. Die Leute hatten sich nach dem Umzug fast alle um den alten Tonhalleplatz gedrängt. Begleitet vom Sechseläutenmarsch ritten die Zünfter auf ihren Pferden im Galopp um das Feuer. Der «Böögg» war mit Feuerwerkskörpern vollgestopft, und so knallte es schon recht laut. Ein riesiger Knall, und der Kopf war weg. Die Dauer bis zu diesem Moment sagt voraus, wie gut oder schlecht das Wetter im Sommer wird.

Als Kind war ich nur ein einziges Mal beim Verbrennen des «Böögg» dabei. Ich begann nämlich fürchterlich zu schreien. Ich war wohl nicht mehr so klein, denn ich erinnere mich daran. Ich glaubte, auf dem Scheiterhaufen stehe ein lebender Mensch. Warum ich auf eine solche Idee kam, kann ich bis heute nicht erklären. Auch später, als ich schon ein junges Mädchen war, brachten mich keine zehn Pferde dazu, mir dieses Spektakel anzusehen. Ich würde sagen, ich hatte ein Trauma. Einmal nur versuchte ich es mit meiner Freundin Vreni. Doch beim Opernhaus angelangt, machte ich rechtsumkehrt. Auch als ich ins Wallis zügelte, brauchte es viele Jahre, bis ich es im Fernsehen anschauen konnte. Doch noch heute habe ich gemischte Gefühle beim Zusehen.

Glockenaufzug

Die 1937 erbaute Erlöserkirche war sehr einfach ausgestattet. Sie besass einen Turm, aber keine Glocken und keine Uhr. Doch es war Herrn Pfarrer Gnos' innigster Herzenswunsch, solche zu besitzen. Nach jeder Messe verkauften wir Kinder daher Glöckchen aus Karton in verschiedenen Grössen, um damit die

Die römisch-katholische Erlöserkirche im Seefeld, erbaut 1937.

richtigen zu finanzieren. Und dann war es soweit, endlich standen an einem Sonntag die neuen Glocken auf dem Kirchenplatz. Auf jeder lag ein Blumenkranz. Sie wurden eingesegnet unter den Blicken einer festlichen Menge. Und dann kamen wir Kinder zum Zug. An einem Seil zogen wir die schweren Glocken langsam in die Höhe, bis sie im Kirchturm ihren Platz fanden. Als besondere Überraschung läuteten zur gleichen Zeit diejenigen der reformierten Neumünsterkirche. Dies war nicht selbstverständlich, denn noch sprach niemand von Ökumene. Der Grund: Unser Pastor war mit dem reformierten Pfarrer befreundet.

Fasnacht

Während der Herrenfasnacht durften wir, in den ersten Primarklassen, maskiert in die Schule. Überall tönte es: «Gäll, du känsch mi nöd?» Einige Kinder hatten Mutters Kleiderschrank geplündert. Andere trugen richtige Fasnachtskostüme, meist hausgeschneidert. Ich selber bekam einmal ein lilafarbiges Pierrotkostüm mit einer riesigen Halskrause. Leider fehlte die Kopfbedeckung, und man begnügte sich mit einer dünnen weissen Zipfelkappe. Meine Tante Carmen schminkte mich fachgerecht. Ich hatte mich gewehrt, denn das gefiel mir überhaupt nicht. Zudem konnte mich jeder erkennen. So zog ich schliesslich einfach die Mütze über das Gesicht. Nun erkannte mich zwar niemand mehr, doch die Sicht war nicht das Gelbe vom Ei.

Nach der Schule ging es im geschlossenen Umzug durch die Strassen des Quartiers. Wir besuchten aber auch ältere Leute in ihrer Wohnung. Wir sangen ihnen ein Lied und bekamen als Dank meistens etwas Süsses. In kleinen Gruppen wagten wir uns sogar hin und wieder in ein Restaurant, dort bekamen wir auch mal ein Geldstück zugesteckt.

Unsere Kirche veranstaltete jedes Jahr im Schützenhaus Rehalp einen Fasnachtsabend. Zuerst wurde ein lustiges Theaterstück aufgeführt. Mehrere Male habe ich in einem solchen selber mitwirken dürfen, was ich immer mit grossem Eifer und Freude machte. Anschliessend wurde getanzt. Unser Pfarrer und unser Vikar nahmen immer an diesem Fest teil. Doch tanzen durften sie als Priester nicht. Aber sie amüsierten sich trotzdem, und wir sahen sie viel lachen.

«Räbeliechtli»

Im Herbst durften wir Räben kaufen. Zu Hause wurde der oberste Teil abgeschnitten, dann wurden sie innen ausgehöhlt, bis nur eine dünne Wand übrig blieb. Auf der Aussenseite schnitzten wir dann mehr oder weniger schöne Motive, je nach Talent. Durch den oberen Rand zog man drei Schnüre. Diese wurden dann an einen Holzstab gebunden. Auf den Boden der Räbe klebte man eine Kerze. Die Laterne war fertig. Nach Einbruch der Dunkelheit ging man mit diesen Räbeliechtli auf die Strasse. In grossen Gruppen wanderten wir dann durch die Strassen, und viele Leute winkten uns aus den Fenstern zu. Die eingeritzten Zeichnungen wurden von allen bewundert, denn durch das Kerzenlicht kamen sie erst richtig zur Geltung.

Schulsilvester

Der Schulsilvester ist in Zürich ein besonderer Tag. Es ist der letzte Schultag im Jahr. Schon am Abend vorher liegen die Lärmutensilien in der Küche bereit. Pfannendeckel, an Schnüren angebundene Blechbüchsen, alte Autohupen, Kindertrompeten und andere «Instrumente». Je mehr Radau, um so grösser das Vergnügen. Vor Angst, mich zu verschlafen, versuchte ich im Bett krampfhaft die Augen offen zu halten. Wenn es auch nicht gelang, um drei Uhr war ich wach. Ich hatte Zeit mich warm anzuziehen, denn der Krach war erst ab vier Uhr morgens erlaubt. Doch es kam natürlich immer wieder vor, dass bereits etwas früher einzelne Deckel «tschätterten».

War man endlich auf der Strasse, tat man sich schnell mit anderen Kindern zusammen. Die Gruppen wurden immer grösser und selbstverständlich immer lauter. Vor allem zwischen den hohen Häusern und in schmalen Gassen dröhnte und schmetterte es zünftig. Wenn es auch sehr kalt war, wir merkten es kaum. Der Lärm setzte sich von einer Strasse in die andere fort, und wer da noch schlafen konnte, besass wirklich eiserne Nerven oder Watte in den Ohren.

Ein Vergnügen, aber nur für uns, war es, die Leute aus den Wohnungen zu klingeln. Das konnte man bequem unten an der Haustüre. Um den Genuss zu erhöhen, fixierten wir den Klingelknopf mit einem Zündholz. In Windeseile versteckten wir uns dann hinter der nächsten Hausecke. Von dort sahen wir gemein kichernd zu, wie die Bewohner wütend im Morgenrock nach unten kommen mussten, um das Gebimmel wieder abzustellen. Andere beschimpften uns aus den Fenstern. Für uns war es einfach Spass. Am liebsten machten wir dies bei Leuten, die uns geärgert hatten.

Einige besonders kühne Knaben rauchten auch mal schnell in einer dunklen Ecke eine verbotene Zigarette. Meistens verrieten sie sich durch einen starken Hustenanfall. In einigen Gärten wurden auch mal die Tore ausgehängt und fein säuberlich nebenan an den Zaun gelehnt. Wir waren natürlich normale Kinder voller Tatendrang, aber richtiger Schaden wurde meines Wissens niemals angerichtet. Für uns alle war der Lärm der eigentliche Clou am Ganzen.

Langsam bekamen wir, trotz der Handschuhe, klamme Finger von der Kälte. Auch die Füsse spürte man kaum mehr, trotz der dicken Wollstrümpfe. Inzwischen war es Zeit geworden, sich vor dem Metzgerladen zu versammeln. Der Metzger verteilte allen Kindern heisse Wienerli, dazu lieferte dann der Bäcker nebenan jedem ein Püürli (Semmel). Ich glaube, jeder kann sich vorstellen, welcher Genuss das für uns Frühaufsteher war. Nach dem letzten Bissen pilgerten fast alle Kinder in die Korneliusstrasse. Dort stand eine kleine Fabrik, die Bonbons herstellte. Angestellte warfen diese in grossen Mengen aus dem Fenster auf die Strasse. Jeder versuchte natürlich so viele als möglich zu erwischen. Erst als der Asphalt leer und unsere Taschen voll waren, verschwanden wir wieder, jeder mit kauenden Backen. Mit neuen Kräften konnte dann der Radau wieder losgehen. Die armen Leute, die während der ruhigen Pause eingenickt waren, wurden erneut aus dem Schlaf gerissen.

Silvester im Klassenzimmer

Langsam begann der Tag zu dämmern. Es wurde ruhiger auf den Strassen von Zürich. Nur noch vereinzelt hörte man da und dort einen lauten Ton. Noch schnell nach Hause, wo man sich noch zusätzlich mit einer Tasse heisser Milch oder Ovomaltine aufwärmte. Und ohne Lärm gingen wir dann in die Schule.

Doch an diesem Tage sah das Programm anders aus als sonst. In der Schule wurde nicht gearbeitet. Schon das Klassenzimmer war verändert. Auf jeder Bank lag ein Tannenzweig. Verziert war er mit einer Kerze und einem Strohstern oder anderem Weihnachtsschmuck. Jede Klasse hatte ihre eigene Unterhaltung. Bei den einen wurden kleine Theaterstücke aufgeführt, bei anderen nur kurze Sketches, also dargestellte Witze. Das einzige Gehirntraining bestand aus dem Erraten der Scharaden. Für dieses Ratespiel sollte ein zusammengesetztes Wort aufgeteilt und erraten werden. Jeder einzelne Wortteil wurde von einer oder mehreren Personen gemimt. Oftmals brauchte es lange, bis man das Wort erriet. Eines der beliebtesten war der «Zürich-see-dampf-schiff-fahrts-kapitän».

Lieder wurden gesungen und Gedichte vorgetragen. Kinder mit Blockflöten spielten ein Stück aus ihrem Repertoire. Und natürlich durften die schönen Weihnachtslieder nicht fehlen. Weihnachts- und Silvesterstimmung vermischten sich.

In der Sekundarschule durften wir einige Zeit vor dem Silvester kleine Zettel aus einer Schachtel ziehen. Auf jedem stand der Name einer Mitschülerin oder eines Mitschülers. Es wurde ausgemacht, dass jeder demjenigen etwas schenkte, dessen Namen er gezogen hatte. Die einzige Bedingung, es durften keine teuren Sachen sein. Jedes bekam dann am Silvester sein Geschenklein, oftmals sogar fantasievoll eingepackt. Wir hatten Freude an jeder Kleinigkeit, das Wichtigste war die Überraschung als solche. Aber auch das Geben brachte uns den Gedanken an Weihnachten näher.

Die meisten Lehrerinnen und Lehrer verteilten vor dem Nachhausegehen jedem Schüler Mandarinen und Nüsse. Auch wir spendeten jeweilen, indem wir uns zusammentaten, unserem Lehrer ein Geschenk. Und erst im neuen Jahr sah uns die Schule wieder.

Waldweihnacht

In der sechsten Klasse schlug uns der Lehrer eine Waldweihnacht vor. Wir waren alle einverstanden. Es sollte eine meiner schönsten Erinnerungen an dieses Fest sein. Noch in der Dunkelheit marschierten wir in den Wald hinauf. Dieser lag oberhalb der Realp. Dort suchten wir erst mal ein gerades Tännchen aus, das dann vom Schnee befreit wurde. Wir schmückten es mit einfachen selbstgebastelten Papierketten und mit Kerzen. Diese wurden angezündet. Dann sangen wir alle im Kreis stehend einige alte Weihnachtslieder. Es war kalt, doch unser Herz wurde immer wärmer. Wir fühlten uns alle eins. Die Stille um uns verbreitete eine grosse Feierlichkeit. Hin und wieder raschelte es im trockenen Laub. Sahen uns vielleicht Rehe und Hasen zu? Der Lehrer las uns dann noch das Kapitel aus der Weihnachtsgeschichte vor. Wir machten uns mit einem einzigartigen Gefühl von Frieden auf den Heimweg. Es wurde nicht viel gesprochen.

Weihnachten in der Familie

Meine liebste Zeit im Jahr war, auch heute noch, die Adventszeit und die Weihnacht. In der Adventszeit hatten alle immer recht viel zu tun. Ich bastelte oder strickte meine Geschenke selbst, und das natürlich im Versteckten, meistens bei der Familie Graf. Der Duft von selbstgebackenen Weihnachtsguezli zog durch die ganze Wohnung. Der Kasten im Schlafzimmer meiner Grosseltern wurde abgeschlossen. Ich liebte Überraschungen, aber trotzdem pickte mich oft die Neugierde. Kurz vor dem Fest wurde dann die ganze Wohnung gründlich gereinigt.

Am Heiligen Abend wurde erst einmal das Nachtessen in der Küche eingenommen. Der Christbaum wurde jedes Jahr von meiner Tante geschmückt, und dann wurde die Stube abgeschlossen. Ich hatte kaum Hunger, so ungeduldig war ich. Nach dem Abräumen verschwand meine Tante. Ein Glöcklein ertönte, und die Stubentüre öffnete sich. Drinnen stand der Weihnachtsbaum im Glanz seiner brennenden Kerzen. Die altmodischen Kugeln leuchteten in allen Farben, und die Flammen spiegelten sich darin. Wir stellten uns davor auf. Zusammen sangen wir die schönen alten Weihnachtslieder wie «Stille Nacht, heilige Nacht» und «O du fröhliche». Als ich kleiner war, musste ich ein Gedicht aufsagen oder ein gelerntes Liedlein singen.

Nachher setzten wir uns alle um den Tisch in der Stube. Mit viel Liebe wurden die Geschenke verteilt. Viel war es damals nicht, doch die Freude war um so grösser. Ich bekam meistens etwas zum Anziehen und ein Spielzeug. Später erhielt ich immer nützliche Dinge und jedes Mal dazu ein Buch. Von meinen Verwandten bekam ich jeweils eine Tafel Schokolade. An so einem Fest kamen dann leicht acht Tafeln zusammen. Leider wurden sie alle in der Schublade der Schlafzimmerkommode meiner Grosseltern versorgt. Essen durfte ich sie dann nur reihenweise.

Nach der Bescherung sass man gemütlich zusammen. Der Nonno und die Nonna erzählten von früheren Weihnachten im Tessin. Dort gab es am 24. Dezember keine Geschenke, diese wurden von den drei Königen am 6. Januar gebracht. Auf unserem Stubentisch stand eine Schale mit Mandarinen, getrockneten Feigen, Nüssen und natürlich den Guezli.

Als ich 17 Jahre alt wurde, bekam ich als Weihnachtsgeschenk mein erstes Paar Seidenstrümpfe. Das hiess, ich war jetzt erwachsen. Natürlich sollte ich sie zur Mitternachtsmesse anziehen, ich tat es aber eher widerstrebend. Den ganzen Weg zur Kirche hatte ich das unangenehme Gefühl, dass alle Leute auf meine Beine starrten. Diese Seidenstrümpfe waren sowieso eine leidige Angelegenheit. Immer wieder verschob sich die Naht hinten am Bein, was eben nicht sein durfte. Die Fallmaschen waren an der Tagesordnung. Gab es bei mir eine solche unterwegs, hatte ich immer das Gefühl, schlampig zu sein. Die Strümpfe waren auch nicht gerade billig und eher dick. War ich froh, wenn ich im Sommer keine tragen musste.

Die Mitternachtsmesse

Bis ich zehn Jahre alt war, musste ich nach der Bescherung ins Bett. Von da an wurde ich aber jeweilen vor Mitternacht wieder sanft geweckt. Ich durfte endlich mit in die Messe. Wir zogen uns alle warm an und gingen in die weisse Winternacht hinaus. Fast immer schneite es in dicken Flocken, und die ganze Umgebung wirkte wie verzaubert. Man spürte, dies war keine gewöhnliche Nacht. Es lag ein Hauch von etwas Geheimnisvollem in der Luft. Die Glocken hallten freudig in die stille Nacht hinaus und wiesen uns den Weg. Das Innere der Kirche erstrahlte in hellem Glanze. Vor dem Altar lag das Jesuskindlein in seiner Krippe und streckte uns seine Ärmchen entgegen. Alle Messdiener standen zusammen mit dem Pfarrer und den Vikaren in ihren Festgewändern vor dem Altar. Weihrauchduft verbreitete sich wohlriechend durch das ganze Kirchenschiff. Das Hochamt war höchst feierlich. Wir Kinder hatten zwar etwas Mühe, still zu sein, denn neugierig wollte jedes vom andern wissen, was es als Geschenk bekommen habe. Die Orgel und der Kirchenchor deckten unser Geflüster.

Wieder zu Hause, sass man nochmals zusammen. Man ass ein Stück Panettone, und die Erwachsenen tranken ein Glas Asti. So liess man die Feierlichkeit des Abends ganz still ausklingen.

Der Weihnachtstag selber wurde durch ein vorzügliches Mittagessen gefeiert. Eine Torte rundete dann das Ganze ab. Am Nachmittag kamen meine Tanten, Onkel und Cousinen zu Besuch. Wir spielten dann zusammen Tombola (Lotto) oder andere Gesellschaftsspiele. Dazwischen stärkten wir uns immer wieder mit Guezli, Mandarinen und Nüssen.

Schulabschluss

Das Ende der Schulzeit war gekommen. In unserer Klasse beschlossen wir einstimmig, im Klassenzimmer ein Fest zu feiern. Zu diesem wollten wir auch unsere Eltern einladen. Es wurde ihnen ein buntes Programm geboten. Sogar getanzt wurde im Schulzimmer. Die Musik lieferte ein Grammophon. Die Anwesenheit der Eltern tat der Stimmung keinen Abbruch, im Gegenteil. In der Zwischenzeit bauten wir im Gang draussen unser kaltes Buffet auf. Da gab es belegte Brötchen, Kuchen, Kekse und Biskuits. Natürlich hatten diese zum grössten Teil unsere Mütter gebacken. Die Brötchen waren unser Werk. Vor Mitternacht verliess uns dann die ältere Generation. Wir räumten auf und blieben dann noch ein Weilchen zusammen. Wir waren ja jetzt eigentlich fast erwachsen. Auch auf der Strasse konnte sich ein Grüpplein einfach nicht trennen. Wir standen unter den Fenstern eines Wohnhauses und schwatzten durcheinander. Das schien einen Mieter im Haus leicht zu stören. Plötzlich waren unsere Köpfe nass, er hatte einfach einen Krug Wasser aus dem Fenster geschüttet. Doch die kalte Dusche brachte keinen grossen Erfolg, wir gingen einfach ein kleines Stückchen weiter die Strasse hinauf. Die Nacht war weit fortgeschritten, als wir uns endlich entschlossen, unsere Betten aufzusuchen.

Die meisten ehemaligen Spielkameraden verloren sich aus den Augen. Sie wohnten zwar noch im Seefeld, doch sie waren entweder in der Lehre oder studierten. Die wahren Freundschaften aber blieben bestehen. Man traf sich im Sommer nach Feierabend am See, um Badminton zu spielen oder auch nur um zu tratschen. Ein eigentlicher Jugendtreffpunkt war uns nicht bekannt und hat uns auch nie gefehlt. Im Sommer und im Herbst unternahmen wir auch oft Wanderungen oder Velotouren in der Umgebung von Zürich.

Der Ernst des Lebens

Nun begann für alle entweder die Lehre oder sogar für einige wenige ein Studium. Eine grosse Anzahl wählten den kaufmännischen Beruf. Die Auswahl in fast allen Berufen war mehr als genügend. Lehr- und Arbeitsstellen standen in grosser Zahl zur Verfügung. Es herrschte Hochkonjunktur. In der Lehre wurden wir aber noch nicht als Erwachsene behandelt. Man wurde von allen anderen Angestellten geduzt. In dem Geschäft, in dem ich die Lehre machte, wurde einmal ein Fest gefeiert. Ich durfte mit den anderen am Abendessen teilnehmen. Anschliessend aber fuhr man mich nach Hause. Es war nicht üblich, dass so ein junges Ding spät in der Nacht nach Hause geht. Die Lehrmeister waren streng.

Doch einmal ausgelernt, wurde man von den Arbeitgebern ein wenig verhätschelt. Passte einem etwas nicht oder wollte man sich weiterbilden, kein Problem. Man kündigte die Stelle und wählte eine neue. Die letzten beiden Jahre in Zürich arbeitete ich in einem Büro im Seefeld. Allerdings wurden die Löhne nicht mit einem Tausender ausbezahlt. Sie pendelten bei uns Jungen zwischen 400 und 600 Franken, davon musste eigentlich jeder zu Hause einen grossen Teil abgeben. Was blieb, brauchte man für Kleidung, Coiffeur, Tram sowie als Taschengeld für Freizeitgestaltung. Die Summe für letzteres war aber bescheiden und musste gut eingeteilt werden.

Die obligatorische Rüebli-RS

Was den jungen Burschen die RS war, das war für uns Mädchen die obligatorische Haushaltschule. Da lernte man alles, was man als spätere Hausfrau wissen musste. Ganze Menüs wurden gekocht. Allerdings wusste am Schluss jede einzelne nur, entweder wie man Fleisch zubereitet, eine Sauce herstellt oder den Salat anrichtet. Ebenso stand Flicken auf dem Programm. Die Wegwerfgesellschaft existierte noch nicht. Heute weiss bestimmt keine einzige junge Frau, wie man sorgfältig neue Stoffstücke in alte Leintücher einsetzt. Das Putzen wurde eher kompliziert gelehrt. Hätte ich meine Wohnung später so abgestaubt oder gewischt, wäre mir nicht viel Zeit für die Kinder und andere Beschäftigungen geblieben. Die Vitamine und Mineralstoffe wurden in der Ernährungslehre gründlich durchgenommen. Der einzige Unterschied zu den Knaben: Der Ton war bei uns nicht so rauh wie in der Rekrutenschule.

Denn für die jungen Burschen war damals die RS kein Zuckerschlecken. Da wurde exerziert und marschiert. Sorgentelefon für die Rekruten gab es nicht, und die meisten durften nur im kleinen und im grossen Urlaub nach Hause. Doch auch im Ausgang musste die Uniform vollständig getragen werden, samt Mütze. Im Sommer besonders angenehm! Vielleicht nicht vergebens sagte man damals, die RS mache aus einem Knaben einen ganzen Mann.

Hotel Mama

Eine eigene Wohnung hätten wir uns damals überhaupt nicht leisten können, es reichte nicht einmal für ein möbliertes Zimmer. Darum blieben die Jungen länger als heute im Hotel Mama. Es gab damals auch einige, die nach Abschluss ihrer Ausbildung im Ausland eine Stellung suchten. Einige engagierten sich nach Ende der Lehre als Au-pair in England. Auch in Belgien und Frankreich boten sich passende Gelegenheiten, um Französisch zu lernen. Ferienreisen aber, ausserhalb der Grenzen, waren absolut kein Gesprächsstoff. In den Ferien machten einige Velotouren oder Wanderungen, wobei sie in Jugendherbergen übernachteten. Konnten wir nirgends hin, legten wir uns ins Strandbad und stellten uns vor, wir lägen am Palmenstrand. Auch am See konnte man braun werden.

Meine Arbeitszeit und auch die der meisten anderen betrug damals jeden Tag neun Stunden. Der freie Samstag begann erst ab 12 Uhr. Aber war die Freizeit auch kurz, wir nützten sie bis zum Äussersten aus.

Turnverein

Die Turnvereine zogen viele junge Leute in ihren Bann. Man konnte dort den Körper trainieren und die Freundschaft pflegen. Denn nach der Bewegung ging man ins Stammlokal, um dort nach der Mühe noch gemütlich zu plaudern. Während des Jahres fanden kantonale oder eidgenössische Turntage mit Vorführungen und Wettkämpfen statt. Die Vorbereitung begann schon früh, man wollte doch bei den Besten sein. Anlässlich dieser Turntage traf man sich mit Gleichgesinnten aus der ganzen Schweiz und lernte somit auch Jugendliche aus anderen Kantonen und Gebieten kennen. Es ging dabei gar nicht verbissen zu, sondern es war eine fröhliche Angelegenheit. Kamen wir am Abend wieder in unser Quartier zurück, marschierten wir in geordneten Reihen durch die Strassen. Vorne wehte unsere Vereinsfahne im Winde, und zwei Turner trugen mit Blumen gefüllte Hörner auf ihren Schultern. Hatten wir gewonnen, war dies unser Siegeszug. War das nicht der Fall, tat das unserer guten Laune auch keinen Abbruch. Es wurden auch Abendunterhaltungen veranstaltet, an denen Turnerinnen und Turner ihre Darbietungen einem breiten Publikum vorführten. Anschliessend schwang man das Tanzbein bis in den frühen Morgen.

Unsere Musik

In vielen Tea-Rooms wurden Musikboxen aufgestellt. Somit wurden gerade diese Lokale zu Treffpunkten für uns Jugendliche. Ich hatte, wie viele andere, keinen Plattenspieler zu Hause. Wenn Geld auch Mangelware war, für ein Glas Milch reichte es allemal. Kein Mensch sagte etwas, wenn wir bei einem einzigen Getränk stundenlang sitzenblieben. Die Platten wurden immer wieder nach einer gewissen Zeit ausgetauscht und durch die neusten Hits ersetzt.

Ein Geldstück rein, der Druck auf die gewünschte Taste, und schon ertönte unsere Lieblingsmelodie durch das ganze Café. In einem Lokal brachten Ludwig und ich die arme Serviertochter fast zum Wahnsinn. Immer wieder liessen wir «Heimweh» von Freddy Quinn laufen. Es war unser Lieblingslied. Wahrscheinlich bekam sie schon Schweissausbrüche, wenn sie uns nur in der Tür stehen sah.

Einige Zeit begeisterte ich mich sehr für die Jazzmusik. Zu Hause hatten wir ein altes Grammophon, das man noch von Hand aufziehen musste. Wir besassen zwar nur wenige Schellackplatten, eine mit einem Klavierkonzert und die anderen alle mit Jazz. Allerdings war das Anhören mühsam, die Musik wurde bereits ab Mitte der Platte immer schleppender, und man musste wieder am Hebel drehen. Einmal im Jahr fand im Kino Urban das Jazzfestival statt. Dort traten auch namhafte Musiker auf. Die Stimmung war heiss.

Dann trat der Rock 'n' Roll seinen Siegeszug an. Zuerst einmal in Amerika, aber dann auch bei uns in Europa. An der Spitze stand Elvis Presley. Es gab zwar Filme von ihm, ich aber kannte ihn nur von Fotos. Ich schwärmte aber nicht für seine Person, dafür um so mehr für seine Lieder. Auch heute habe ich eine CD aus dieser Zeit, die ich immer noch gerne höre. Mein Liebling war dann schon eher der deutsche «King», nämlich Peter Kraus. Dieser wurde damals von vielen Erwachsenen Heulboje genannt. Doch das störte mich nicht. Der Vorteil war, bei ihm verstand man die Worte und man konnte mitsingen. Meine Stars waren, sind es heute noch, Caterina Valente und Peter Alexander. Sie sangen und tanzten mit viel «Pep» durch ihre Filme und brachten uns auch zum Lachen. Schon als ich Caterina Valente, damals noch kaum bekannt, das erste Mal im Zirkus Grock sah, gefiel mir ihre Stimme. Dieser Zirkus gastierte damals in Zürich am Milchbuck. Nicht lange darnach begann die grosse Weltkarriere der Valente. Peter Alexander war ebenfalls ein toller Allroundkünstler, und er brachte uns viele vergnügliche Stunden mit seinen Musikfilmen und seinen Liedern. Er hatte so ein verschmitztes Lächeln und viel, viel Charme.

Im Seefeld wohnte auch eine Zeitlang die Schweizer Sängerin Lys Assia. Mit ihrem Lied gewann sie für die Schweiz das erste «Chanson d'Eurovision». Auch Vico Torrianis Lieder höre ich immer wieder gerne. Er sang ja nicht nur sogenannte Schnulzen. Sein Repertoire war vielseitig. Da wir diese Stars nur im Kino sehen konnten, fanden Musikfilme immer grossen Anklang. Einen Sänger gab es in Amerika, den ich noch lieber als Elvis hörte, das war Pat Boone. Er hatte eine zu Herzen gehende warme Stimme, und seine Lieder waren für mich die schönsten. In Europa war er nur wenigen bekannt.

Das Stadttheater

Was ich ebenfalls liebte, waren Oper, Ballett und Operette. Meine Grosseltern hatten mir die Begeisterung für diese Art von Musik übermittelt. Leider konnte ich meine Freundinnen damit nicht begeistern. So musste ich jeweilen allein in die Oper und nicht so oft, wie ich es eigentlich gerne getan hätte. Ich genoss aber trotzdem die Aufführungen und vor allem die Musik. Damals gab es subventionierte Vorstellungen, von denen ich ebenfalls Gebrauch machte. Allerdings musste man etwas Glück haben, denn die Plätze wurden ausgelost, und es kam vor, dass man eben enttäuscht ohne Billett nach Hause ging. Für den Besuch des Opernhauses kaufte ich mir ein schwarzes Kleid, das festlich wirkte. Man ging damals nicht in Blue Jeans oder in Strassenkleidern in die Oper. Für die Herren war der Anzug mit Krawatte Vorschrift. Allerdings waren auch Abendkleider nicht das absolute Muss, nur während der Juni-Festwochen. Anlässlich einer Aufführung von «Carmen» war ich überrascht, Silvia, eine ehemalige Mitschülerin von mir (das ehemalige Aschenbrödel), im Ballettkorps zu entdecken.

Das klassische Ballett

Im Opernhaus wurden auch Ballettabende veranstaltet. Wie traumhaft waren doch «Der Schwanensee», «Giselle», vor Weihnachten «Der Nussknacker» und viele mehr. Beim Anblick dieser schwebenden Gestalten versank alles rund um mich. Ich lebte nur noch in dieser Märchenwelt. Die Anmut und Schönheit der Gesten erfüllt mich noch heute mit Freude. Dem modernen Ballett allerdings konnte ich nie etwas abgewinnen. Für mich sind die Bewegungen zu hart, sogar fast vulgär, aber vielleicht verstehe ich ja nichts davon. Als Kind durfte ich mit Benjos und Valentins Tante Irene zum ersten Mal ins Opernhaus. Auf dem Programm, denn es war im Advent, stand das Märchen «Peterchens Mondfahrt». Es war für mich ein aussergewöhnliches Erlebnis, und ich konnte es nie vergessen.

Radio

Nun durfte ich endlich auch das Radio benützen. Allerdings, es gab eine Ausnahme, nämlich wenn Nonno die Nachrichten hörte. Da hiess es, sich gedulden und still sein. Beromünster war für uns ein Begriff und auch der einzige Sender, den man ohne zuviel störende Nebengeräusche anhören konnte. Anstatt der «Lindenstrasse» oder anderen Fernsehserien hatten wir das Hörspiel im Radio. Mit grösster Spannung erwarteten wir jeweilen die Fortsetzung des «Polizist Wäckerli» mit dem beliebten Schaggi Streuli. An diesem Abend gab es für meine Tante und mich keine Abmachungen ausser Haus. Der Montagabend gehörte dem Wunschkonzert. An gewissen Samstagen wurden die «Bunten Abende» ausgestrahlt. Während zwei Stunden Musik und Humor. Ebenfalls beliebt waren die Je-Ka-Mi-Sendungen. Wer vielleicht einmal Sänger oder Sängerin werden wollte, konnte sich da anmelden und durfte am Mikrofon sein Bestes geben. Ein Amateurwettbewerb für junge Talente.

Tagsüber hatten wir kaum Gelegenheit, Radio zu hören, das blieb immer den Abenden und den Sonntagen vorbehalten. Später installierten wir zu Hause den Knopf für die Rediffusion. Diese strahlte viele Musiksendungen und Schlager-Wunschkonzerte aus. Diese kamen aus Deutschland. Vor allem am Samstagabend sass ich oft bis spät in die Nacht vor dem Lautsprecher. Das beste aber war, man konnte das Ganze ohne Störungen geniessen. Nur auf eines musste ich aufpassen, ich durfte nicht zu laut einstellen, denn sonst erschien meine Nonna und meinte, es sei spät und Zeit für mich ins Bett zu verschwinden. Und das, als ich bereits 16 Jahre alt war.

Verliebt

Es war die Zeit, in der wir entweder im siebten Himmel schwebten oder zu Tode betrübt waren. Auch meine Gefühle fuhren oftmals Berg- und Talbahn. Einmal war es ein Filmstar oder ein Sänger, dann auch einmal ein Zirkusartist. Es gab aber auch in der näheren Umgebung reale Jungmänner, die wir von weitem anhimmelten. Ich glaube, da hat sich auch in der heutigen Zeit nichts verändert. Das war die Zeit, in der man mit den Freundinnen zusammenstand und flüsternd die neuesten Geheimnisse austauschte. Es war die Zeit, in der man noch rot wurde. Und vor allem, man hatte noch Träume.

Wir hatten allerdings eine sehr romantische Einstellung zur Liebe. Diese war weit von der Realität entfernt und wurde ihr überhaupt nicht gerecht. Aus den Filmen kannten wir halt nur die grosse Liebe und die leidenschaftlichen Küsse. Gingen wir unter Freundinnen am Abend ins Zürichhorn, beneideten wir oftmals die in enger Umarmung auf den Bänken sitzenden Liebespärchen. Es gab hier viele lauschige Ecken. Wie gerne wären wir selber, vor allem bei Vollmond, mit einem Burschen in voller Zweisamkeit am See gesessen. Die Lichter auf der anderen Seeseite blinzelten uns zu, und über uns funkelten Tausende von Sternen am schwarzen Nachthimmel. Das waren unsere Vorstellungen von Liebe, und sie hatten mit Sex nichts gemeinsam.

Tanzen

Als ich 14 Jahre alt war, durfte ich zum ersten Mal mit meinen Eltern an einen Unterhaltungsabend des Handorgelklubs in Seebach. Nach den Darbietungen spielte ein Orchester zum Tanz auf. Meine Eltern tanzten sehr gerne. Als mich ein junger Mann aufforderte, wollte ich nein sagen. Doch Papa erklärte mir, es sei unanständig, jemandem in diesem Falle einen Korb zu geben. Noch nie hatte ich mit einem Partner getanzt. Dieser Tänzer kam allerdings nur einmal und nie wieder. Wahrscheinlich taten ihm seine Zehen weh, da ich sie ausgiebig malträtiert hatte. Aber ich hatte an diesem Abend entdeckt, dass mir das Tanzen Spass machte.

Je mehr ich an jeweiligen Anlässen zum Tanzen aufgefordert wurde, um so mehr machte ich Fortschritte. Natürlich durfte ich an solche Abende nur in Begleitung meiner Tante Carmen. Doch auch sie war ein «Tanzfüdli».

Mit 18 Jahren durfte ich dann auch mit Freundinnen alleine gehen, und sogar an Unterhaltungsabende mit Freinacht. Im Restaurant Karl der Grosse fand in einem Saal im oberen Stockwerk jeden Samstag von 20 bis 24 Uhr ein Tanzabend mit einem Amateur-Orchester statt. Ich ging gerne dorthin, denn Alkohol war verboten, so dass nie betrunkene Burschen dort aufkreuzten. Kaum drangen einige Töne an mein Ohr, juckte es bereits in den Beinen, und ich konnte nicht stillsitzen. Doch wurde auch viele Male bei Tanzabenden über uns gelästert. Um den Rock 'n' Roll geniessen zu können, musste man offen tanzen können. Da bekam halt dann der eine oder andere auf der Tanzfläche schon einmal einen Tritt ans Schienbein. Solch ein Tanzabend konnte aber auch zu neuen Bekanntschaften führen, denn man konnte bei der Musik trotzdem miteinander sprechen. Lautverstärker gab es noch keine. Während des Abends durften wir, bei Damenwahl, auch mal unsere Partner aussuchen. Doch da stand mir meine Schüchternheit im Wege, und ich blieb lieber sitzen. Es gab auch sogenannte Tanzmeisterschaften, vor allem für den Rock 'n' Roll. Damals galt diese neue Form des Tanzes noch als Vergnügen und nicht als Sportart. An diesen Ausscheidungen konnte man dann richtig loslegen. In Dancings gingen wir nie, denn man musste Eintritt bezahlen, und ihr Ruf war nicht so gut.

Die Abendunterhaltungen

Freinacht hiess, der Abend dauerte bis ungefähr vier Uhr morgens. Das Tram schlief aber um diese Zeit, und Taxis waren ein Luxus für unsere schwindsüchtigen Portemonnaies. Welcher junge Mann oder welche junge Frau besass denn schon ein Auto? Wir hätten nicht einmal den Führerschein bezahlen können. Doch wir besassen ja zwei Füsse und Zeit. Solange wir tanzten, fühlten wir uns frisch und munter. Auf der Strasse aber machten sich plötzlich die schmerzenden Füsse bemerkbar. Nichts einfacheres, man zog die Schuhe aus und lief auf Strümpfen. Ich wohnte eine Tramhaltestelle weiter weg als Astrid. So musste ich das letzte Stück eben allein hinter mich bringen. Kam mir ein Betrunkener entgegen, wechselte ich so unauffällig als möglich auf die andere Strassenseite. Es kam auch vor, dass ich mich ein Weilchen in einem fremden Hauseingang versteckte. Doch sonst passierte mir nie etwas, und richtig Angst habe ich nie gehabt.

War es bereits fünf Uhr morgens, so kam Astrid noch bis zu mir. Bis sieben Uhr verbrachten wir die Zeit mit Schwatzen im Treppenhaus. Warum? Zu

Hause hiess es halt, ob Freinacht oder nicht, am Sonntag geht man in die Messe. Um doch ausschlafen zu können, besuchten wir eben die 7-Uhr-Messe. Nachher durften wir wenigstens bis zum Mittagessen im Bett bleiben. Am Nachmittag aber trafen wir Jugendlichen uns wieder. War es schönes Wetter, erstürmten wir den Üetliberg oder machten eine Wanderung über Land. Die frische Luft erfrischte dann unsere müden Köpfe.

Einmal lud mich Ludwig zu einem Tanzabend in Glattbrugg ein. Wir tanzten und tanzten. Am Ende des Abends, etwas nach Mitternacht, waren wieder einmal nur die Schienen auf den Strassen. Ein schöner Spaziergang bis ins Seefeld war doch auch etwas Schönes, vor allem in angenehmer Begleitung. Da wir keine Eile hatten, nahmen wir es gemütlich. Vor der Haustür verabschiedete sich Ludwig. Ich war zu Hause angekommen. Mein Begleiter verliess mich und machte sich auf seinen Heimweg – er wohnte in Glattbrugg!

Als ich bereits 21 Jahre alt war, kam ich auch einmal mitten in der Nacht von einem Tanzanlass nach Hause. Ich wollte die Wohnungstür öffnen, doch es war unmöglich. Meine Tante und mein Onkel hatten vergessen, innen den Schlüssel abzuziehen. Ich klingelte, klopfte, warf von der Strasse Steinchen ans Fenster. Nichts nützte, sie schliefen und schliefen. Die Stiegen waren leider nicht so weich wie mein Bett. Eine harte Erfahrung.

Eine rauschende Silvesternacht

Doch den schönsten Tanzabend erlebte ich in einer Silvesternacht im Albisriederhaus. Im Hauptsaal spielte das grosse Tanzorchester, in drei anderen Räumen gab es eine Jazzformation, eine moderne Jugendband und eine Ländlerkapelle. Man ging nach Lust und Laune von einem Raum zum anderen. Um Mitternacht fanden sich alle im grossen Saal ein, und beim zwölften Glockenschlag fielen einander die Nächststehenden gegenseitig in die Arme und wünschten sich ein gutes neues Jahr. Es herrschte eine Bombenstimmung bis am Morgen.

Leider tanzte mein Mann überhaupt nicht, was für mich etwas hart war. Ich trat dann später zum Ausgleich mit meiner ganzen Familie (mein Mann spielte im Orchester) in unserem Dorf einer Volkstanzgruppe bei.

Kino

War Zahltag, gingen wir ins Kino. Allerdings musste man das Billett für Samstag oder Sonntag im voraus bestellen. Entschloss man sich erst im letzten Moment, stand man dann, geduldig wartend, in einer langen Schlange vor der Kasse. Die Halsbrecherloge war von jungen Leuten immer recht gut besetzt. Sie kostete eben nur Fr. 1.65. Wir Mädchen sahen gerne Liebesfilme, bei denen auch viel Tränen flossen. Wie oft verliessen wir den Kinosaal mit roten Augen und einem nassen Taschentuch, vor allem da ja oft der Schluss so traurig war. Wir erfuhren dabei, dass Liebe auch schmerzlich sein kann.

Die Burschen zog es schon eher in die sogenannten «Revolverküchen». Sie suchten ihr Vergnügen lieber bei einem harten Wildwestfilm oder Krimi. Für letztere hatte ich auch eine Schwäche, aber nur für solche Geschichten wie sie Agatha Christie schrieb. Das heisst, solche mit viel Spannung, bis man wusste, wer der Täter war. Nicht Action und Brutalität waren damals gefragt, sondern einzig und allein gute Unterhaltung.

Die Filmstars

Welches junge Mädchen aber schwärmte damals nicht das eine oder andere Mal für einen Filmstar. Es gab nur ganz wenige sogenannte Muskelprotze, doch die Darsteller waren trotzdem männlich. Natürlich gab es Stars, die nicht zu den eigentlichen Schönheitsidealen gehörten. Aber sie hatten eine gewisse Ausstrahlung, die uns in den Bann zog. Doch auch Schauspieler wie Gary Cooper, Gregory Peck, Eroll Flynn und viele andere waren keineswegs Milchbüblein.

Im Kino Seefeld sahen wir die ersten Filme aus der grossen Welt (Aufnahme von 1941).

Aber plötzlich tauchte ein Gesicht am Filmhimmel auf, das nicht zum allgemeinen Klischee passte. Der erste Film von James Dean kam in die Schweizer Kinos. Er wirkte auch auf der Leinwand immer etwas scheu und etwas bedrückt. Aber gerade im Film «Giganten» zeigte er sein schauspielerisches Können. Er begeisterte uns mit seiner Kunst. Er wurde sofort das Idol unserer Jahrgänge. Wir waren traurig, als er so jung tödlich verunglückte.

Ich selber schwärmte besonders für eine Schauspielerin. Als ich den Film «Ein Herz und eine Krone» im Kino sah, war ich beeindruckt von Audrey Hepburn. Beim nächsten Coiffeurbesuch verlangte ich die gleiche Frisur wie sie. Ich habe sie in vielen Filmen gesehen. Später bewunderte ich sie noch stärker für das, was sie für die Unicef tat. Eine andere Schauspielerin imponierte mir sehr, das war Liselotte Pulver. Ihr Lachen ist auch heute noch unwiderstehlich, und ich bewundere ihre Kraft, nach den schweren Schicksalsschlägen wieder neu zu beginnen.

Viele junge Burschen zogen eher Frauen mit Busen und Sexappeal vor, so wie Marilyn Monroe, Sofia Loren, Gina Lollobrigida oder Brigitte Bardot.

Doch nicht nur der amerikanische Film, sondern auch der deutsche hatte etwas zu bieten. Die Streifen waren zu einem grossen Teil ebensogut, wenn auch nicht mit so viel Aufwand gedreht. In jenen Jahren entstanden die ersten Filme, die über die Probleme der damaligen Jugend berichteten. «Die Halbstarken» zeigte erstmals das in den Anfängen steckende Bandenwesen Jugendlicher. Es ging zwar noch nicht so brutal zu wie heute, aber die ersten Ansätze waren da. Die Jungen mit ihren schwarzen Lederjacken, eine Minderheit, liessen von sich hören.

Meine Patin nahm mich oft mit ins Kino. Sie liebte Filme mit Paul und Attila Hörbiger sowie Paula Wessely und Inge Meysel. Obwohl ich noch jung war, gefielen mir aber auch diese Filme sehr gut.

Die Schweizer Filme

Aber auch die Schweiz gehörte zu den wichtigen Filmemachern. Auch bei uns wurde damals emsig gedreht. Diese Filme zogen viel Publikum in die Kinos. Wie gerne sehe ich diese noch heute im Fernsehen. Margrit Rainer und Ruedi Walter standen uns fast so nahe wie Familienangehörige. Sie spielten das tägliche Leben, und ihre Sprache war die unsere. Sie überzeugten in jeder Rolle. Natürlich gab es daneben noch viele andere gute Schauspielerinnen und Schauspieler. Endlich lernten wir auch Schaggi Streuli im Bild kennen, nachdem wir nur seine Stimme kannten. Natürlich spielte er im Film den «Polizist Wäckerli», seine Erfolgsrolle vom Radio. Aber er spielte auch in vielen anderen Filmen mit. Immer war er der Brummbär mit einem Herz aus Gold. Sie spielten keine Rollen, sondern gaben sich natürlich. Heute sind diese Filme Zeitgeschichte und widerspiegeln meist ziemlich getreu jene Jahre.

Natürlich entsprechen sie nicht mehr ganz dem heutigen Weltbild, und doch sind sie auch heute noch oftmals aktuell. Doch für die meisten heutigen Jugendlichen sind sie kitschig und langweilig, weil eben viel zu brav.

Im Kino Etoile wurden nur französische Filme vorgeführt. So ging ich denn einmal mit einer Freundin zusammen in einen sogenannten Sittenfilm. «Maternité clandestine», schon der Titel eine Provokation in jener Zeit. Das Schockierende an diesem Film aber war: Die Hauptdarstellerin erwartete ein Kind und wusste absolut nicht, welcher ihrer Bekannten der Vater war.

Vergnügungen

An heissen Sonntagen fuhren wir, wenn das Geld reichte, mit einem Pedalo auf den See hinaus. Anschliessend suchten wir nach Tea-Rooms, in denen der grösste Eisbecher serviert wurde. Den allergrössten fanden wir leider nicht im Seefeld, sondern am Albisriederplatz. Mit dem «Frauentraum» brauchte man nachher kein Nachtessen mehr. Der zweite Tip: das Café Fröschengraben an der Bahnhofstrasse, das gibt's heute nicht mehr. Wie sollten wir auf solche Kalorienbomben verzichten? Doch dieses Vergnügen konnten wir höchstens nach dem Zahltag geniessen, also nicht so oft. So ein Berg von bunten Glacekugeln und Früchten, übergossen mit Schokoladensauce, vermischt mit Meringues und als Tüpfelchen auf dem i ein Berg von Chantilly. Da konnte ich nie widerstehen.

War das Portemonnaie leer, unternahmen wir einen Schaufensterbummel. Wir träumten, was wir kaufen würden, wenn wir Geld hätten. Meist führte uns der Weg dem Limmatquai entlang bis zum Bahnhof und durch die Bahnhofstrasse zum Bellevue. Da gab es viele schöne Sachen, doch in dieser Beziehung waren wir eben realistisch. Wir bestaunten die Auslagen, und jede suchte sich aus, was ihr am besten gefiel. Einmal leistete ich mir ein festliches Kleid bei Feldpausch. Ich trug es bei einem Ball und dann anlässlich meiner Ziviltrauung.

Die Mode mit den Petticoats

Es gab auch damals eine Mode für Teenager, allerdings keine teuren Markenartikel. Es gab aber ungeschriebene Gesetze über die Zusammenstellung von Kleidung und Accessoires. Zum Beispiel wurden zu engen Hosen (keine Jeans) nur Ballerinaschuhe getragen, auf keinen Fall Absätze. Mit den Farben war es ebenfalls ein Muss, nicht irgendwelche zu mischen. Ebenfalls sollten wenn immer möglich die Schuhe und Handtasche aufeinander abgestimmt sein. Verstiess man gegen diese Regeln, hiess es, die hat überhaupt keinen Geschmack.

Bei den Schuhen gab es diese schmalen Pfennigabsätze, die, blieb man irgendwo stecken, abbrachen. Am bequemsten waren dann doch die Ballerinas. Das wichtigste aber waren die überaus weitschwingenden Röcke. Der Petticoat gehörte natürlich zu diesem Kleidungsstück. Diese Unterröcke waren damals ein Kapitel für sich. Sie waren aus Leinen oder Baumwolle, mit Spitzen besetzt. Nach jedem Waschen mussten diese gestärkt werden. Die Petticoats mussten den Rock so stark wie möglich aufbauschen. Nach einer Stunde hingen sie bereits. Dann erschienen solche aus Schwammgummistoff, mit Spitzen überzogen, doch auch diese fielen in sich zusammen. Wir hatten schon viel Ärger mit diesem Unterrock!

Wenn sich meine Kinder Fotos von damals ansehen, lächeln sie immer verschmitzt. Es war Mode, dass man zu einem Sonntagskleid auch Handschuhe trug. Im Sommer waren es durchsichtige und natürlich ebenfalls zu Schuhen und Tasche passend. Ich hatte damals einen richtigen Tic und besass solche in verschiedenen Farben.

Pferdeschwanz und natürliche Gesichter

Auch Frisuren hatten ihre Mode. Der Pferdeschwanz war bei vielen jungen Mädchen, auch bei mir, «in». Wir banden diesen mit kleinen bunten Taschentüchern zusammen, deren Ecken herunterhingen. Es gab aber auch Mädchen, die kurzes Haar und Dauerwellen vorzogen. Die jungen Burschen liefen fast alle mit Bürstenschnitt oder Elvis-Tolle herum. Das lange Haar kam erst mit den Beatles.

Make-up wurde natürlich auch etwas verwendet. Vor allem mochten wir am liebsten helle Lippenstifte. Mit Puder gingen wir spärlich um, und Fond-deteint war für uns zu teuer. Eben aus diesem Grund konnten wir uns auch nicht tonnenweise Schönheitsmittel kaufen, und so wuschen wir uns mit Wasser und Seife. Anstatt Parfum verwendete ich nur Eau de Toilette. Es waren immer dieselben, «Tabac» (dannzumal gab es dieses für Damen) und «Chanel 5». Der letztere Duft ist mir bis heute treu geblieben.

Ruhige Abende

Natürlich durften wir damals, vor allem Mädchen, nicht jeden Abend ausgehen. Ausgang bekam ich höchstens am Samstagabend und an den Sonntagen. Aber auch zu Hause langweilte ich mich nie. Ich war ja eine Leseratte. Aber eines durfte ich nie, nämlich im Bett lesen. Im Winter war das ja sowieso unmöglich, da die Zimmer nicht geheizt waren. Aber auch im Sommer fand Nonna, das schwache Licht der Nachttischlampe schade meinen Augen. Meine beste Freundin Vreni durfte zwar niemals ausgehen, die Eltern waren sehr streng. Doch sie durfte zu mir nach Hause kommen. Zusammen mit ihr und Carmen strickten wir, schwatzten und hörten Musik. Nonna und Nonno setzten sich auch dazu, denn beide gingen nicht so früh ins Bett. Wie schätzte ich doch diese ruhigen Familienabende. Es gab auch Abende, an denen wir zusammen Eile mit Weile, Leiterlispiel oder anderes spielten. Ich fühlte mich zu Hause immer geborgen.

Mein eigenes Zimmer

Erst mit 17 Jahren bekam ich mein eigenes Zimmer. Bis dahin hatte ich ein Bett im Zimmer meiner Grosseltern, dann später zusammen mit meinen Cousinen Moni und Romi, die ebenfalls bei uns wohnten. Doch endlich konnte ich einen Raum nach meinem eigenen Geschmack einrichten. Sogar an die Wände durfte ich Bilder und Fotos, die mir gefielen, aufhängen. Endlich musste ich mit meinen Freundinnen nicht mehr im Treppenhaus sitzen. Denn wir hatten doch immer irgendwelche «wichtigen» Geheimnisse, die niemand hören durfte.

Mit Carmen gingen wir auch hin und wieder zu einem Jass zur Familie Gygax. Man versuchte mir das Kartenspiel beizubringen. Allerdings warf ich bald einmal das Handtuch, nachdem mich meine Partner bei jedem Fehler anschrien.

Schicksalsschläge

Während meiner Kindheit hatte ich das Leben dank meinen Grosseltern nur von einer guten Seite kennengelernt. Natürlich hatte ich auch damals meine Sörgelchen und Ängste, doch die Geborgenheit der Familie half mir, diese rasch zu überwinden.

Doch dann kamen, zuerst mit knapp 18 und dann mit 20 Jahren, zwei grosse Schicksalsschläge, die mein ruhiges Leben aus der Bahn warfen. Ich wurde ganz plötzlich mit dem Ernst des Lebens konfrontiert. Zuerst starb ganz unerwartet mein Nonno. Er war in seinem ganzen Leben niemals krank gewesen. Bis er 76 Jahre alt war, hatte er immer in seinem Beruf als Gipser gearbeitet. Auch in den letzten zwei Jahren half er noch bei Kollegen aus. An einem Nachmittag ging er mit Moni, sie war damals noch klein, auf die Post. Beim Hinausgehen sank er in sich zusammen, Hirnschlag. Jede Hilfe kam zu spät. Es war für uns alle sehr schlimm. Meine Nonna versuchte zwar, ihre Trauer zu verstecken, aber wir sahen alle, wie sie litt. In zwei Monaten sollten sie die goldene Hochzeit feiern, und die Familie hatte bereits mit den Vorbereitungen begonnen. Trotz allem pflegte Nonna weiterhin ihren Haushalt und war den ganzen Tag für meine Cousinen und mich da. Mein Onkel Rico wollte sie zwar zu sich nehmen, doch sie wehrte sich und wollte ihren eigenen Haushalt behalten, wenn dies auch viel Arbeit brachte.

Zwei Jahre später wurde sie krank. Sie hatte überaus starke Schmerzen im Unterleib. In ein Spital wollte sie um keinen Preis. Wenn es irgendwie ging, stand sie auf und machte ihre Arbeit ohne zu klagen. Eines Tages konnte sie nicht mehr, und der Arzt machte uns keine Hoffnungen mehr. Wir mussten auf ihren Wunsch den Pfarrer holen, und der erteilte ihr die letzte Ölung. Am anderen Morgen verfiel sie ins Koma, aus dem sie nicht mehr erwachte. Sie starb umringt von ihren Kindern in ihrem eigenen Bett. Ich wollte es nicht wahrhaben, dass sie nicht mehr da sein würde. Dass ich nicht mehr mit ihr sprechen und ihr meine Freuden und Nöte mitteilen konnte, war für mich unfassbar. Es war alles so unwirklich, und ich konnte am Grab nicht einmal eine Träne weinen. Einige Tage später lag ich mit einem Nervenfieber im Bett, und es brauchte einige Zeit, bis ich wieder gesund war.

Tante Carmen und Onkel Otti übernahmen die Wohnung, und ich durfte weiterhin bei ihnen bleiben. Dieses half mir zwar, aber die Grosseltern fehlten mir je länger, je mehr. Erst heute weiss ich, was sie für mich getan haben. Ich bin genau in dem Alter, in dem Nonna und Nonno mich als Baby zu sich nahmen und die Eltern vertraten. Später nahmen sie noch Moni und Romi mit Tante Carmen zu sich. Sie verzichteten wegen uns auf einen ruhigen Lebensabend.

Die neue Zeit

Die Zeit veränderte sich unmerklich. In Amerika machten die Hippies von sich reden. Mit dieser Jugendbewegung hörte man erstmals das Wort LSD. Damals wusste man noch nicht, dass dies eine Droge ist. Diese Pille, so hiess es, vermittle ein völlig neues Glücksgefühl. Es ging nicht lange, und das LSD, ein Stoff, der in einem Schweizer Laboratorium entwickelt wurde, kam wieder nach Europa und natürlich auch in die Schweiz zurück. Bis dahin war uns der Ausdruck «Droge» noch vollständig unbekannt. Der Alkohol war zwar bei vielen Burschen ein echtes Problem und auch in Familien, die ich kannte. Von den Zigaretten hatte noch niemand erfahren, dass sie Gift enthalten und Krebs erregen. Es wurde doch praktisch in jeder Familie geraucht, meistens die Männer. Benjos und Valis Vater griff zu einer eigenen Methode, um seinen Söhnen das Rauchen zu vermiesen. Sie mussten vor seinen Augen ein ganzes Päckli rauchen. Nachher war es ihnen so übel, dass ihnen die Lust am Glimmstengel für immer verging.

Der Platzspitz war noch ein herrlicher Park, der zum Spazieren einlud. Im Hauptbahnhof standen, ausser den Reisenden, nur Heimweh-Italiener in Grüppchen zusammen. Hin und wieder gingen sie uns zwar etwas auf den Wecker mit ihrem «Tschau Bella». Überhörte man sie einfach, wendeten sie sich bald wieder ihren eigenen Gesprächen zu. Den Kreis 4 nannte man neckisch «Kreis Cheib», doch das war nicht böse gemeint. Die Langstrasse war damals ein Arbeiterviertel, wie auch teilweise das Seefeld. Ging es auch hin und wieder rauh zu, Familien konnten unbesorgt dort in ihren Wohnungen leben.

Aus Paris erreichte uns eine neue Philosophie, der Existenzialismus, gegründet von Jean-Paul Sartre. Seine treueste Anhängerin war die Chanson-Sängerin Juliette Greco. Doch alle, die ich kannte, waren nur «Pseudo». Schwarze Kleidung und der «Chlüpplisack» (Mantel) kamen für viele Jugendliche in Mode. Die Weltanschauung selber aber war normal. Halbstarke waren trotz ihres Namens nur halb so wild. Sie traten zwar meist in Gruppen auf, rumorten und liessen ihre dummen Sprüche los. Die Kriminalität der jungen Leute beschränkte sich damals, mit einigen Ausnahmen, eher auf Diebstähle. Aber diese sinnlose Gewalt von heute war damals nicht bekannt. Vor allem die Gewalt in den Schulen, wie man sie heute findet, war uns unbekannt. Knaben besassen höchstens ein währschaftes Taschenmesser. Dieses benützten sie aber nur zum Schnitzen.

Abschied vom Seefeld

Mit 22 Jahren begegnete ich auf einer Ferienreise durch das Wallis meinem Schicksal. Sechs Monate später läuteten die Hochzeitsglocken. Ich verliess das Seefeld und kehrte nur noch als Besucherin zurück. Zu Beginn fehlte mir das Quartier und vor allem der See. Allerdings bereits von Anfang an war ich von der Bergwelt begeistert, und ich gewöhnte mich schnell an meine heutige Heimat. Es würde mir heute sehr schwer fallen, das Wallis zu verlassen, und Zürich zieht mich nur noch an, weil dort noch meine Familie lebt.

Veränderungen

Das Quartier begann sich immer mehr zu verändern. Viele alte Mietshäuser wurden umgebaut und anstatt Wohnungen gab es Studios. Fremde Menschen zogen dort ein, und diese lebten meist für sich, ohne den nächsten Nachbarn zu kennen. Auch die Autos nahmen zu, und unsere Strasse wurde zum Parkplatz, vor allem nach dem Bau des Strandbades. Doch noch immer wohnen Ehemalige und ihre Kinder dort.

Das neue Strandbad war uns Jugendlichen natürlich sehr willkommen. Vor allem wir vom Seefeld konnten auch noch nach dem Feierabend baden gehen. Doch im Sommer quollen jeweilen ganze Scharen Sonnenhungriger aus dem Tram und strebten durch unsere Strasse dem ersehnten Nass zu. Die Badeanstalt Tiefenbrunnen wurde dann später abgerissen, doch das alte Utoquai zog noch Badende an, die ihre Ruhe haben wollten.

Zum Teil wurden ganz alte Häuser abgerissen und neue, moderne Bürohäuser an deren Stelle gebaut. Die Bewohner zogen in andere Quartiere. Auch meine Tante und mein Onkel wohnen nicht mehr im ehemaligen Haus. Sie fanden eine Wohnung in einem anderen Quartier. Immer mehr Läden begannen zu verschwinden. Auch das Lebensmittelgeschäft von Frau Erni verschwand, und an Stelle der Esswaren wurden darin Apparate verkauft. In den Wohnungen wurden immer mehr Ölheizungen installiert. Diese waren praktischer und heizten auch zur gleichen Zeit mehrere Zimmer. Holz und Kohle waren also nicht mehr so gefragt.

Die ersten Selbstbedienungsläden tauchten im Quartier auf. Für uns etwas völlig Neues. Man konnte doch tatsächlich die Ware selber aussuchen und direkt aus dem Regal nehmen. Vorher war es besser, wenn man mit einem Zettel zum Einkaufen ging, denn sonst passierte es schon mal, dass man die Hälfte vergass. In diesen Läden aber packte man ein, was man sah. Allerdings kaufte man auch Überflüssiges, nur weil es einem gerade vor der Nase lag. An der Kasse aber blieb keine Zeit mehr für den Austausch von Neuigkeiten.

Der erste Selbstbedienungsladen im Quartier an der Ecke Seefeldstrasse / Münchhaldenstrasse (1949).

105

Der Buchladen schloss seine Türen, weil die Inhaberin keinen Nachfolger hatte. Das Haus wurde dann etwas später abgerissen und ein Neubau ohne Läden gebaut. Von den vier Bäckereien blieben nur noch zwei. Auch die Schuster waren nicht mehr so gefragt. Sind die Schuhe hin, kauft man neue. Die Milch wurde nicht mehr ins Haus geliefert, dafür gab es im Laden eine grössere Auswahl von Produkten. Nur die Apotheke ist noch fast dieselbe, nur etwas moderner ausgestattet. So nach und nach veränderte das Seefeld, wie auch alle anderen Quartiere in verschiedenen Städten, sein Gesicht. Doch auch heute gibt es noch Strassenzüge, die absolut nicht verändert sind.

Pub, Pizzeria und Disco

Auch Restaurants wurden umgetauft. Heute sind es Pubs, Pizzerien oder sogar Discos. Will man chinesisch oder japanisch essen, in unserem Quartier kein Problem, man braucht nicht in die Stadt zu fahren. In wie vielen Restaurants gibt es noch den guten alten Stammtisch? Wie viele solcher alten gemütlichen «Beizlein» fristen überhaupt noch ihr Dasein? Das Heimelig heisst heute auch nicht mehr so, ein solcher Name passt nicht mehr in unsere Zeit. Dafür präsentiert es sich aussen in blauer Farbe und innen mit Menüs aus der vegetarischen Küche. TV-Apparate sind aus den Restaurants verschwunden. Sie stehen ja heute in jedem Wohnzimmer, ja sogar in den Kinderzimmern. Auch die Musikboxen machten den Flipperkästen und anderen Spielautomaten Platz. Wer würde denn schon eine Münze einwerfen, um sich eine Platte anzuhören. Jedermann wird doch heute während 24 Stunden aus volltönenden Lautsprechern berieselt. Fast in jedem Laden, Restaurant oder sonstigen Lokal geht ohne Musik nichts mehr. Sogar das Tram wollte mitmischen. Für diejenigen, die wirklich nicht ohne Musik sein können, gibt es den Walkman mit den Kopfhörern. Das nervöse Tac-tac der Flipperkästen trägt zum übrigen Lärm bei. Wo sollte man dann noch Ruhe für ein Gespräch im Freundeskreis finden? Vielleicht hatten wir damals als Jugendliche weniger Probleme, weil wir noch Zeit und Gelegenheit für Gespräche untereinander hatten. Wir konnten noch ungehindert über Gott und die Welt diskutieren, ohne dass wir uns anschreien mussten.

«Rasen betreten verboten»

Als ich bereits verheiratet war, fand im Zürichhorn eine grosse Gartenbau-Ausstellung statt. Seitdem ist auch das Zürichhorn eine ordentliche Parkanlage geworden. Fast alle Rasenflächen dürfen nicht mehr betreten werden, und an Stelle der Wiesenblumen spriessen kultivierte Gartenblumen. An den Sonntagen liegen auf der Blatterwiese Jugendliche gruppenweise im Gras. Auf den Wegen flitzen Kinder und Junge mit Skateboards und Rollschuhen zwischen den Spaziergängern durch. Leider fiel mir bei meinem letzten Besuch auf, dass nur wenige ältere Leute oder kleinere Kinder dort spazieren oder auf den Bänken sitzen. Dabei war es sehr schönes Wetter.

Das noch zu meiner Zeit gebaute Kasino liegt direkt am See. Es handelt sich dabei nicht um eine Spielhölle, sondern um ein grosses Restaurant. Der Garten der Fischerstube ist mit Asphalt bedeckt, und anstatt von einer lächelnden Serviertochter bedient zu werden, holt man das Getränk selbst. Das Ganze machte einen ungepflegten Eindruck, und die Auswahl war, würde ich sagen, dürftig. Jedenfalls sassen kaum Leute an den Tischen.

Der Seepromenade entlang stehen supermoderne Häuser. Sogar eine Klinik in Form einer gläsernen Pyramide spiegelt sich dort in der Sonne (wenn sie scheint). Eine modern gebaute Galerie stellt moderne Werke aus. Doch einige ganz alte Villen fristen noch heute ihr Dasein in ihren verwunschenen Gärten. Die damals sicher provisorisch gebaute Baracke für den Kindergarten steht heute noch genau so da, sie ist nur etwas älter geworden. Genau wie damals zieren auch heute Kindermalereien und Bastelarbeiten die Fensterscheiben.

Umbau vieler Häuser

1971 wurde auch unser Haus umgebaut. Das Nachbarhaus links war schon seit längerem durch einen Neubau ersetzt worden. Meine Tante und mein Onkel zogen, wie schon viele andere vorher, ebenfalls in ein anderes Quartier. Aus den fünf grossen Vierzimmerwohnungen wurden 21 Studios. Die Haustüre ist jetzt abgeschlossen, und dort, wo früher die Briefkästen eingebaut waren, ist das Treppenhaus durch eine Glaswand abgesperrt. Die Fensterläden mit ihren Klappen sind verschwunden, und die neuen eingebauten Fenster sind mit Storen versehen. Im Hof hinten liegt eine Garage, deren Fassade in bunten Farben von Sprayern veredelt wurde. Bei uns schimpfte man damals über die Kreidezeichnungen auf dem Trottoir! Auf der Strasse draussen hängt neben dem Durchgang ein Schild «Betreten für Unbefugte verboten». Gehören auch Kinder zu diesen? Jedenfalls sah ich niemals solche in den Höfen. Keine Teppichstangen mehr zum Turnen, heute gibt es Spannteppiche.

Auch die Kirche wurde innen mit einem modernem Altarbild und sonstigen Änderungen der heutigen Zeit angepasst. Unser damaliges «Bächli» fliesst jetzt unter einer Asphaltdecke, dafür ist der Weg breiter. Bucheckern gibt es keine mehr zu finden. Ein neues Wohnhaus steht dort. Nur die Schulhäuser haben sich äusserlich kaum verändert. Der Kies auf den Pausenplätzen aber hat ebenfalls dem Asphalt Platz gemacht.

Der chinesische Garten

Die Blatterwiese veränderte sich einige Male seit der damaligen Zeit. Zuerst wurde direkt daneben ein Spielplatz für Kleinkinder gebaut. Da gab es Planschbecken und festverankerte Geräte für die Kleinen. Lässt der Fantasie enorm viel freien Lauf! Ebenfalls neben der Wiese standen dort während eines Sommers Gebäude und Zelte der Phänomena, eine Ausstellung für angewandte Forschung und Wissenschaft. Überall durften Kinder und Erwachsene eigene Versuche machen, ebenso wurden sie mit Naturgesetzen konfrontiert, die sie noch nicht kannten.

Seit wenigen Jahren stehen dort Pagoden mit chinesischen Gärten. Gegen Eintritt kann man durch die Anlage spazieren. Es soll ausserordentlich angenehm und erholend sein. Ich hatte leider noch keine Gelegenheit, es mir anzusehen.

Der Fortschritt hielt immer mehr seinen Einzug. Das Tram wurde leiser, doch der allgemeine Lärm nahm zu. Bei den Haltestellen stehen jetzt überdachte Wartehäuschen mit Bänken. Keine Kinder spielen auf der Strasse, es ist gefährlich geworden. Als ich vor einiger Zeit im Quartier flanierte, begegneten mir keine bekannten Gesichter, niemand grüsste mich, nur wenige und meist eilige Leute kreuzten meinen Weg. Kinder? Ich sah kaum mehr welche. Geschäftshäuser und Studios eignen sich eben nicht so gut für Familien.

In den Wäldern verschwanden die Pilze, und wer sammelt heute schon Holz. Nicht einmal mehr die Wege unter den schattenspendenden Bäumen sind mehr ganz sicher. Auf jeden Fall, ich selber getraue mich nicht mehr allein dorthin. Dabei liebte ich gerade im Hochsommer einsame Spaziergänge im kühlen Wald. Die Schrebergärten an der Dufourstrasse wichen einem Wohnheim für ältere Leute. Dafür werden die oberhalb der Südstrasse noch heute bepflanzt.

Wir waren auch keine Engel

Manches Mal habe ich schon etwas Mühe mit der heutigen Zeit. Trotzdem lebe ich in der Gegenwart. Doch meine Gedanken kehren gerne in die Jugendzeit im Seefeld zurück. Trotz Krieg, Arbeitslosigkeit und dem härteren Leben war es für viele meiner Spielkameraden eine schöne Zeit. Teilen vielleicht auch noch andere Leute meine stille Wehmut an diese Jahre? Die meisten von uns durften doch damals eine unbeschwerte Kinder- und Jugendzeit erleben. Antiautoritäre Erziehung war unbekannt. Wir kannten alle unsere Grenzen. Heute wird das Drill und Dressur genannt, doch es hat glaub' ich kaum einem von uns geschadet. Da man ja auch als Erwachsene gewisse Grenzen einhalten muss, war es für uns sicher leichter, denn wir hatten dies schon in der Kinderzeit gelernt.

Wir waren auch niemals «gestresst», nur höchstens müde. Natürlich herrschte damals noch nicht dieser Leistungsdruck wie heute. Wir durften einfach Kinder sein. Langeweile, was sollte das schon sein? Wir lebten nicht alternativ, sondern vergnügten uns da, wo sich die Gelegenheit bot. Wir waren ebenso wenig Engel wie die heutigen Kinder und Jugendlichen. Auch die Knaben prügelten sich. Aber mit den Fäusten und nicht mit Waffen. Wir konnten uns noch über das kleinste Geschenk herzhaft freuen. Auf gewisse Weise hatten wir eigentlich schon Glück, in jenen Jahren jung zu sein. Doch wer weiss, vielleicht schreibt in 30 oder 40 Jahren eine Frau oder ein Mann begeistert über die heutige Zeit und wie schön sie war.

Eine etwas andere Jugend

Sicher, die Jugend von heute ist nicht besser oder schlechter als früher. Die Zeit hat sich verändert, und die moderne Zeit verdrängt immer mehr die zwischenmenschlichen Beziehungen. Es gibt zwar fast keine Tabus mehr, sogar schon für die ganz Kleinen. Aber dafür gibt es auch keine kindlichen Träume mehr. Die Fantasie und die Erfindungsgabe wird bei Kindern durch das Fernsehen und die riesige Spielzeugauswahl abgetötet und verkümmert immer mehr. Langeweile schon bei Buben und Mädchen führt in die Trostlosigkeit. Dazu kommt ein enormer Leistungsdruck in Schule und Ausbildung. Die Angst vor dem Morgen ist bei den heutigen Jugendlichen oftmals auch ein Handikap. Aber ich glaube, auch wenn man die Zeit zurückdrehen könnte, kaum welche möchten es. Es gibt eben auch viele Annehmlichkeiten und Erleichterungen, die uns das Leben versüssen. Jede Generation hat eben ihre Vor- und Nachteile, und so wird es wohl immer sein.

Auch unsere damalige Zeit war nicht frei von Sorgen und Ängsten, wenn auch mehr für die Erwachsenen. Im Gegenteil, es waren sogar für sehr viele Familien ausserordentlich harte Jahre. Nur allein schon der Weltkrieg, der vor unseren Grenzen tobte. Wussten die Erwachsenen überhaupt, ob wir verschont bleiben würden? Ebenso herrschte vor dem Krieg, genau wie heute, grosse Arbeitslosigkeit. Mit dem Krieg wurden die meisten Väter eingezogen, um unsere Grenzen zu verteidigen. Die Mütter blieben allein mit den Kindern zurück und mussten auch etwas dazu verdienen. Viele Frauen ersetzten in Betrieben die abwesenden Männer. Andere gingen abends putzen oder suchten sich eine Beschäftigung, die es ihnen erlaubte, die Kinder nicht zu vernachlässigen.

Die Löhne waren niedrig, für ein bescheidenes Arbeitslosengeld musste man jeden Tag stempeln gehen, oder man wählte eine Betätigung in einem Arbeitslager. Die allgemeinen Sozialleistungen waren noch nicht wie heute ausgebaut. Viele Arbeiter und vor allem Frauen wurden damals noch schändlich ausgenutzt. Es gab viele Familien, die sich nur das Nötigste leisten konnten und jeden Rappen mehrere Male umdrehen mussten. Dafür gab es bedeutend weniger Ehescheidungen. Man biss oftmals die Zähne zusammen und hielt der Kinder wegen aus. Wahrscheinlich war dies nicht immer das Beste. Doch die Ehepaare warfen nicht wegen jeder Kleinigkeit gleich die Flinte ins Korn. In unserer Klasse kam die Mehrzahl der Kinder aus sogenannt intakten Familien.

Doch sicher, es gab auch Kinder, die es zu Hause nicht immer gut hatten. Krankheit und Todesfälle gehörten damals wie heute zum täglichen Leben. Auch Familien, deren Vater oder sogar die Mutter Alkoholiker waren oder die mit Gewalt für Angst sorgten, gab es schon zu jener Zeit. Man erfuhr es aber meist nicht, und somit wusste man nicht viel darüber. Das Paradies haben wir ja, dank der Schlange, Eva und ihrem Apfel, schon vor langer langer Zeit verloren.

Ein Loblied für viele Eltern

Gerade den Eltern, welche in jener Zeit ihren Kindern die Liebe und die nötige Geborgenheit gaben, damit sie unbeschwert aufwachsen konnten, möchte ich hier ein Kränzlein winden. War es vielleicht falsch, dass man die Sorgen und Kümmernisse des Lebens von uns fernhielt? Ich selber glaube eher, dass es uns später den nötigen Halt gab. Unsere ehemalige Schulklasse aus dem Quartier traf sich bereits zwei Mal (letztes Treffen 1995), und soweit ich dies beurteilen kann, haben praktisch alle ihren Weg im Leben gemacht.

DANKE diesen verständigen und liebevollen Müttern und Vätern, die sich oftmals aufgeopfert haben, nur damit ihre Kinder glücklich aufwachsen durften.

Bildernachweis

BAZ = Baugeschichtliches Archiv der Stadt Zürich

Umschlag: Foto BAZ
Seite   9, 25, 33, 43 Fotos aus Familienbesitz der Autorin
Seite   12 BAZ, Foto Macher
Seite   15 BAZ, Foto W. Pleyer, Zürich
Seite   16 BAZ, Foto M. Wolgensinger
Seite   23 Foto BAZ
Seite   38 BAZ, Foto M. Wolgensinger
Seite   47 Foto BAZ
Seite   52 BAZ
Seite   55 BAZ
Seite   65 Foto BAZ
Seite   68 BAZ
Seite   84 BAZ, Foto W. Gallas, Zürich
Seite   98 BAZ, Foto Pfister-Picault
Seite   105 BAZ, Foto Wolf-Bender